DIBUJO Y PINTO

Aviones

T. BEAUDENON

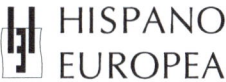
HISPANO
EUROPEA

Título de la edición original:
Je dessine des Avions

El autor reivindica el derecho moral de ser iden-
tificado como autor de esta obra.
Ilustraciones originales de Thierry Beaudenon

Es propiedad:
© Éditions Vigot, Paris

© de la edición en castellano:
Editorial Hispano Europea, S. A.
Barcelona, España
E-mail: hispanoeuropea@hispanoeuropea.com

Depósito Legal: B. 1860-2013

ISBN: 978-84-255-2069-3

Consulte nuestra web:
www.hispanoeuropea.com

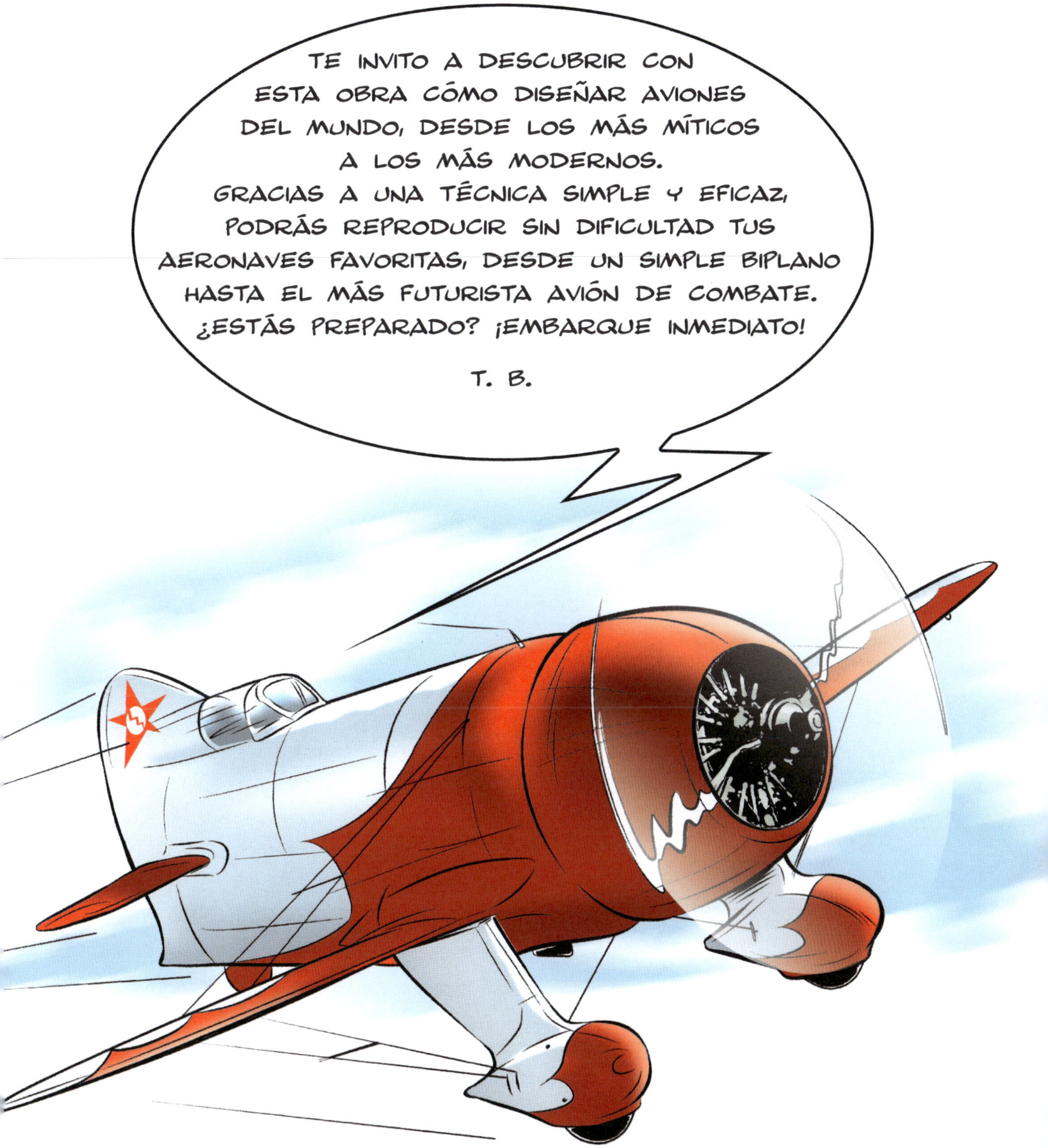

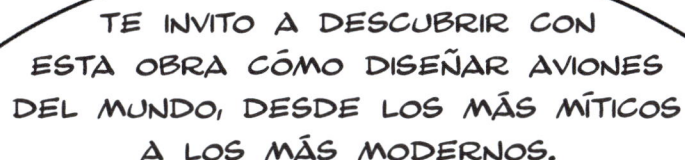

TE INVITO A DESCUBRIR CON
ESTA OBRA CÓMO DISEÑAR AVIONES
DEL MUNDO, DESDE LOS MÁS MÍTICOS
A LOS MÁS MODERNOS.
GRACIAS A UNA TÉCNICA SIMPLE Y EFICAZ,
PODRÁS REPRODUCIR SIN DIFICULTAD TUS
AERONAVES FAVORITAS, DESDE UN SIMPLE BIPLANO
HASTA EL MÁS FUTURISTA AVIÓN DE COMBATE.
¿ESTÁS PREPARADO? ¡EMBARQUE INMEDIATO!

T. B.

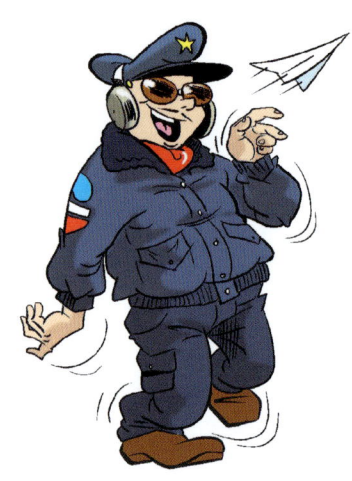

¡ALGUNOS TRUCOS PARA DIBUJAR UN AVIÓN!

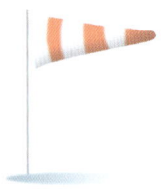

EMPIEZA POR DIBUJAR UN TUBO CÓNICO: EL FUSELAJE

PARA LAS ALAS, HAZ UN TRIÁNGULO

CONTINÚA CON EL HABITÁCULO DEL PILOTO: EL COCKPIT

AGREGA LA COLA

¿HÉLICES O REACTORES?

¿TODO DEPENDE DEL MODO DE PROPULSIÓN! ESTE ES UN REACTOR CON SUS TOBERAS

4

AHORA PUEDES REPASAR
TU DIBUJO CON TINTA
NEGRA

APLICA LOS COLORES
DE BASE

FINALMENTE, AGREGA LOS
REFLEJOS Y LAS SOMBRAS
PARA DAR VOLUMEN AL
APARATO

PARA FACILITAR
TU DISEÑO, PUEDES
AYUDARTE DE PLANTILLAS,
TRAZA-CÍRCULOS,
TRAZA-ELIPSES Y OTROS
TIPOS DE REGLAS

¡AHORA YA ESTÁS LISTO
PARA DIBUJAR TUS AVIONES
FAVORITOS!

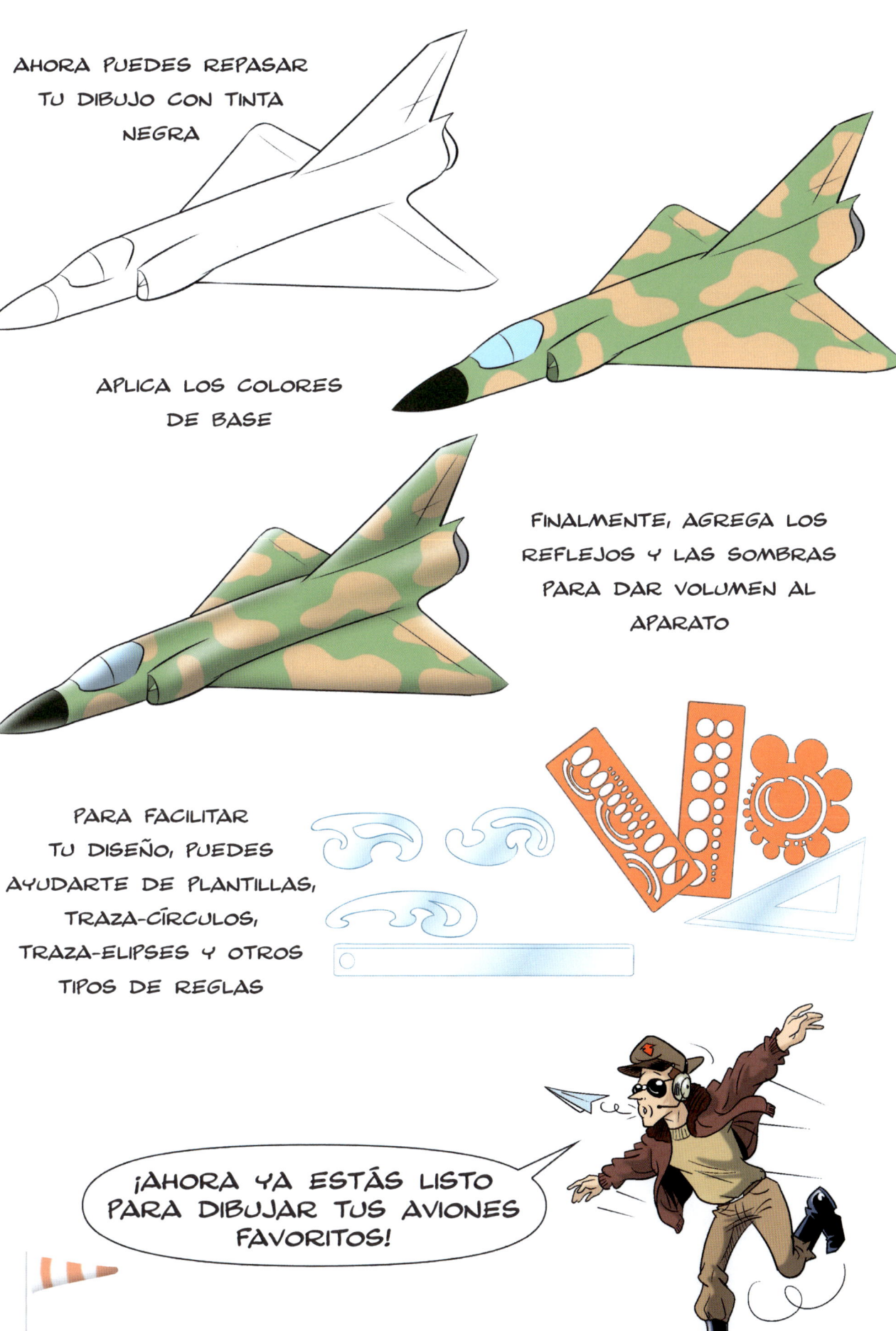

AIRBUS A-380

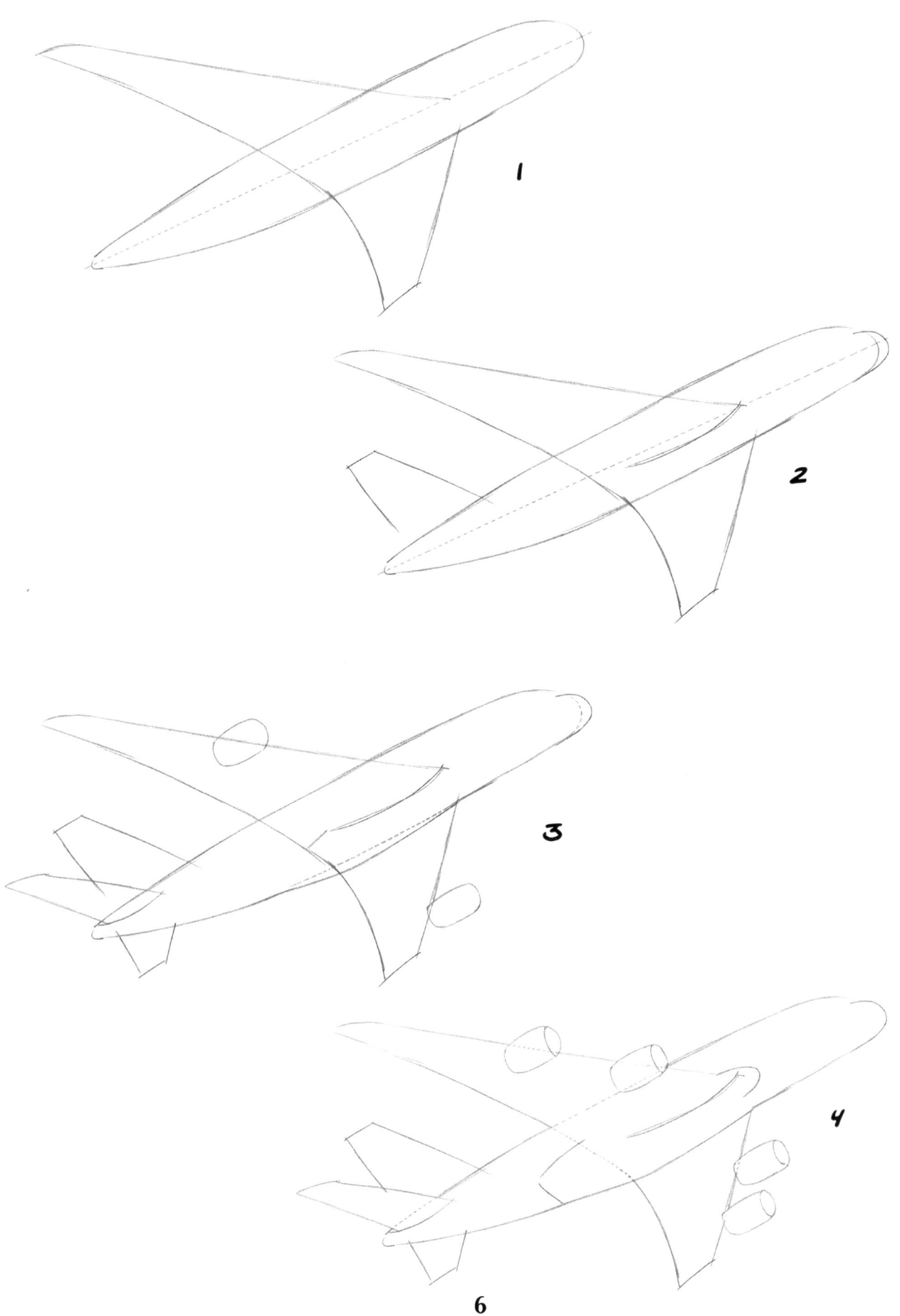

1

2

3

4

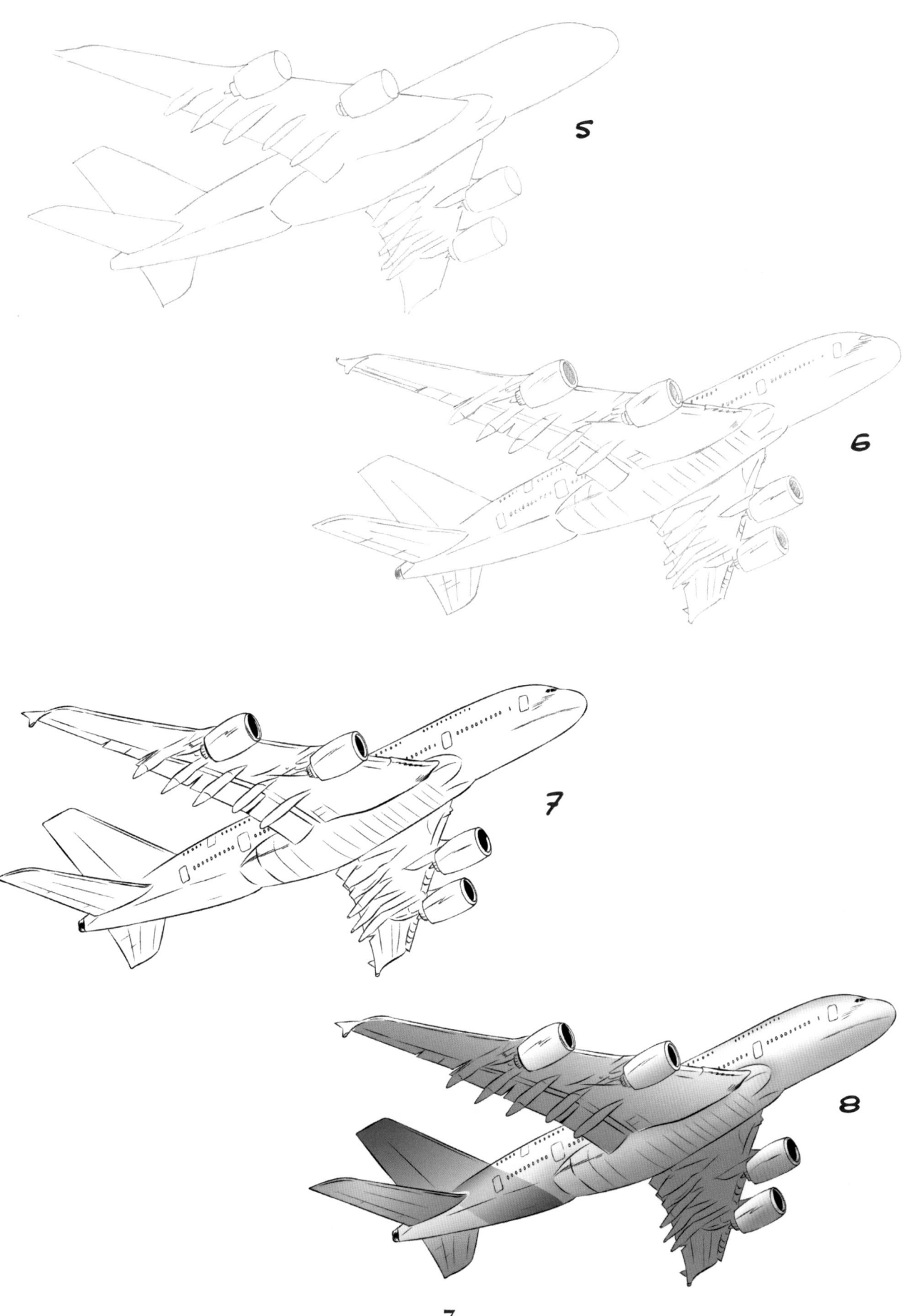

5

6

7

8

BIPLANO

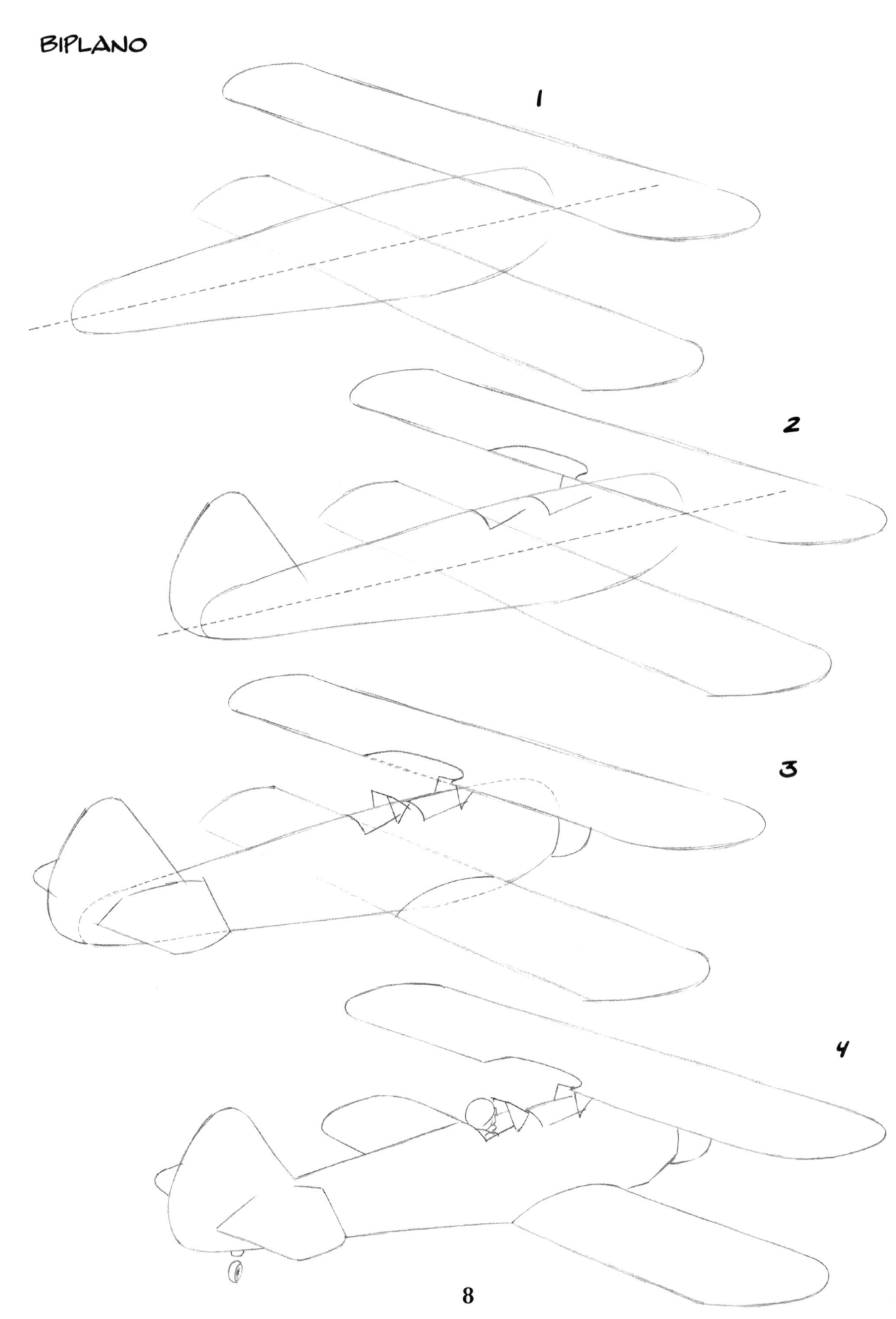

1

2

3

4

8

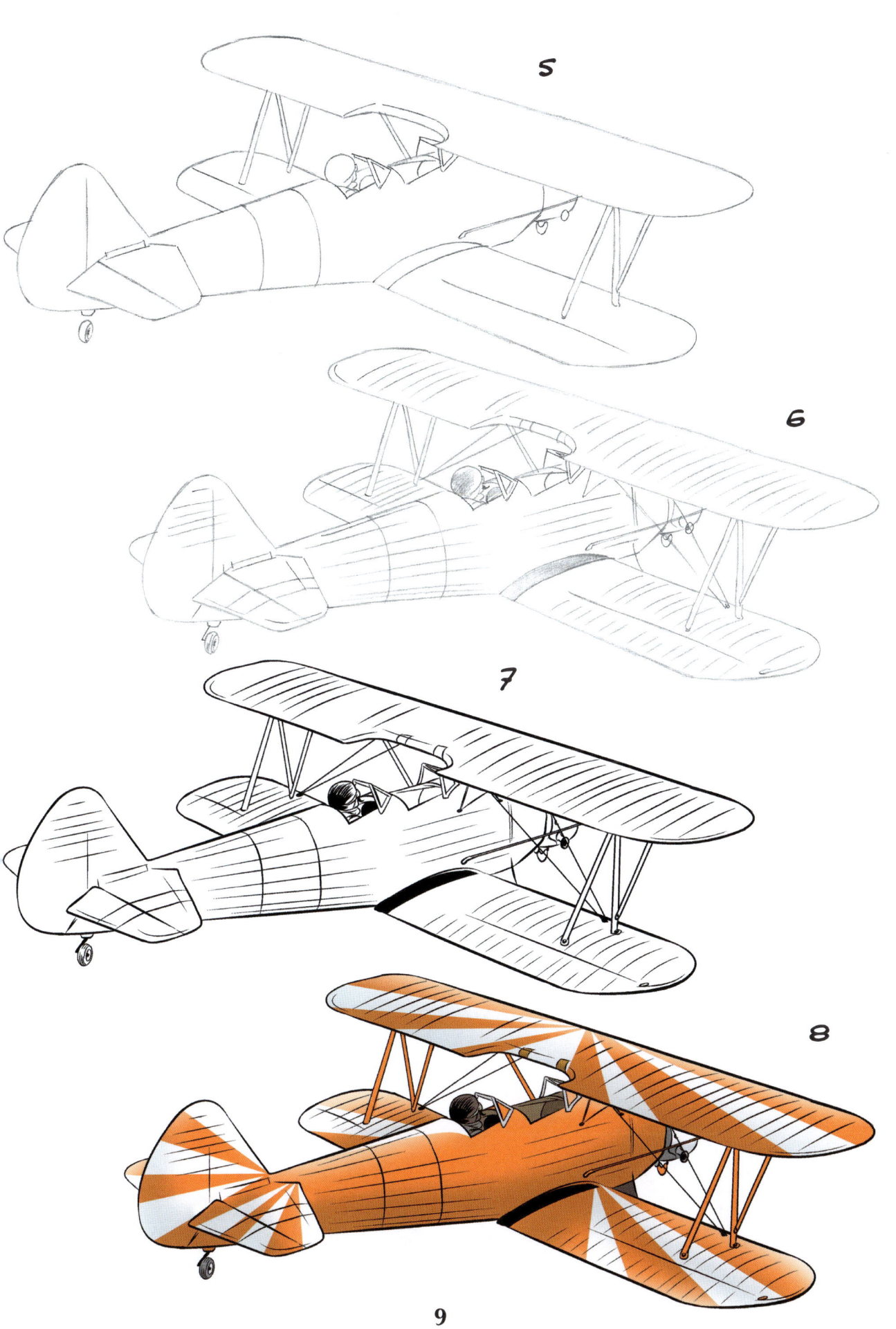

5

6

7

8

9

BOEING 747

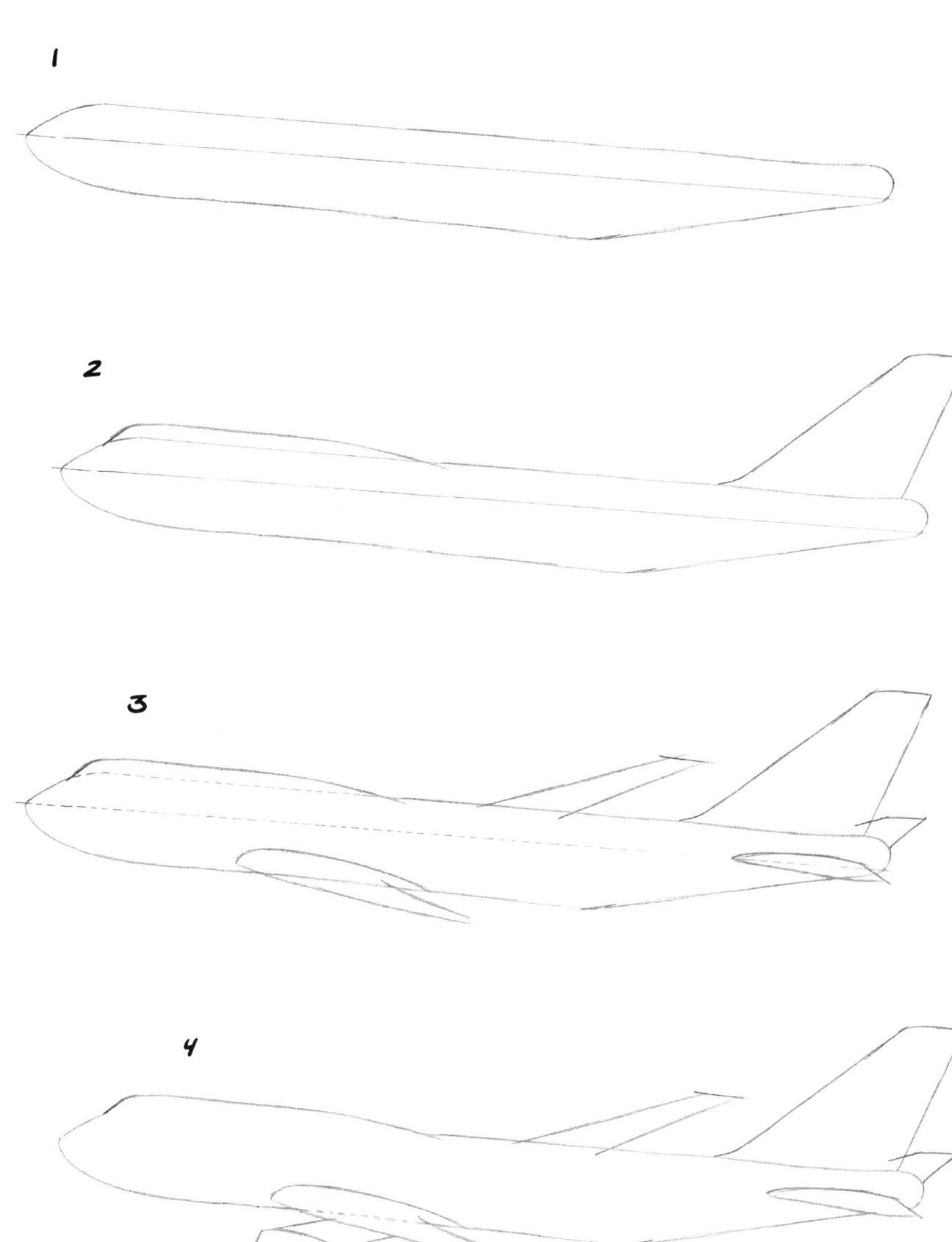

1

2

3

4

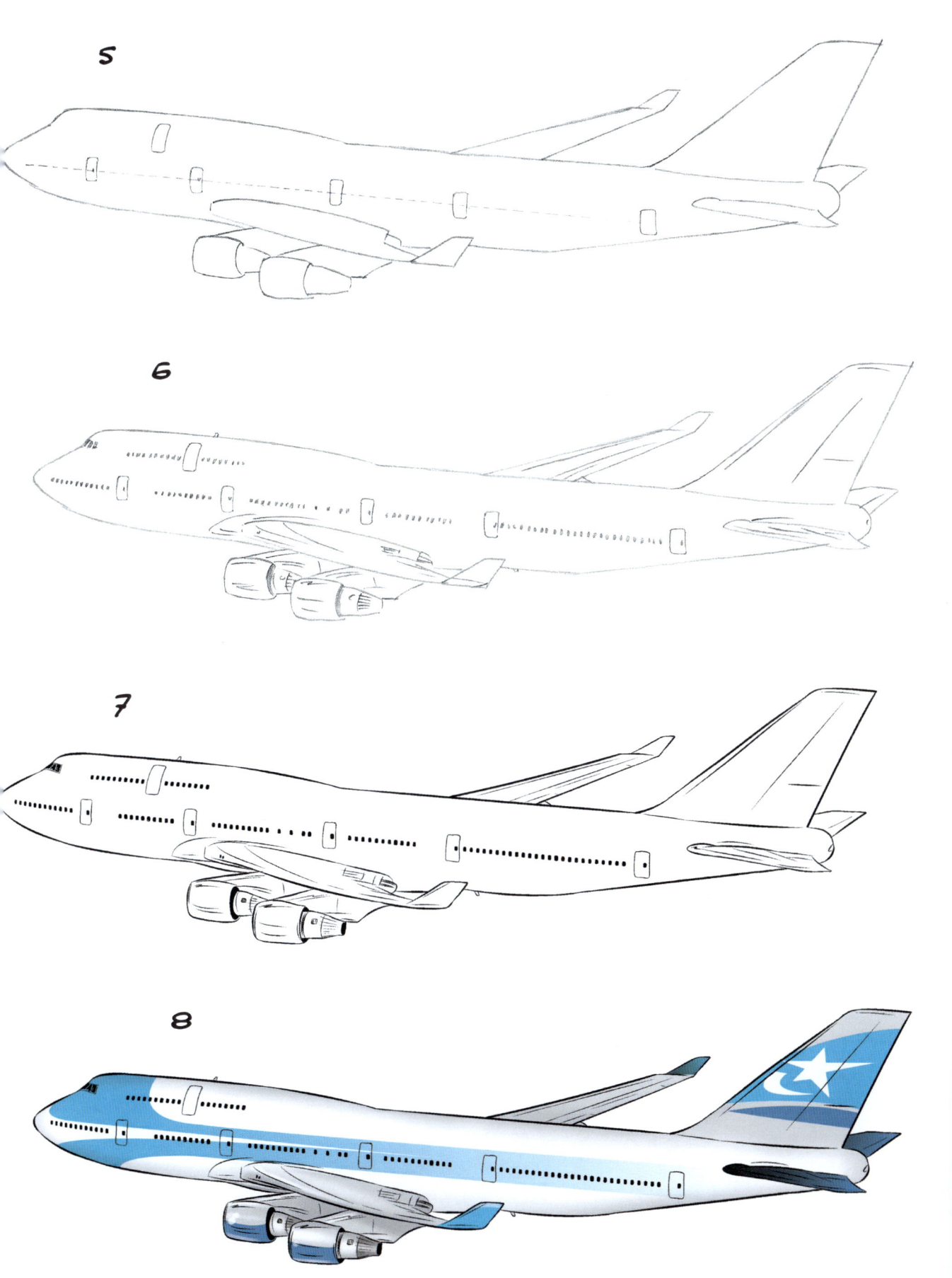

5

6

7

8

BOMBARDERO B-25 MITCHELL

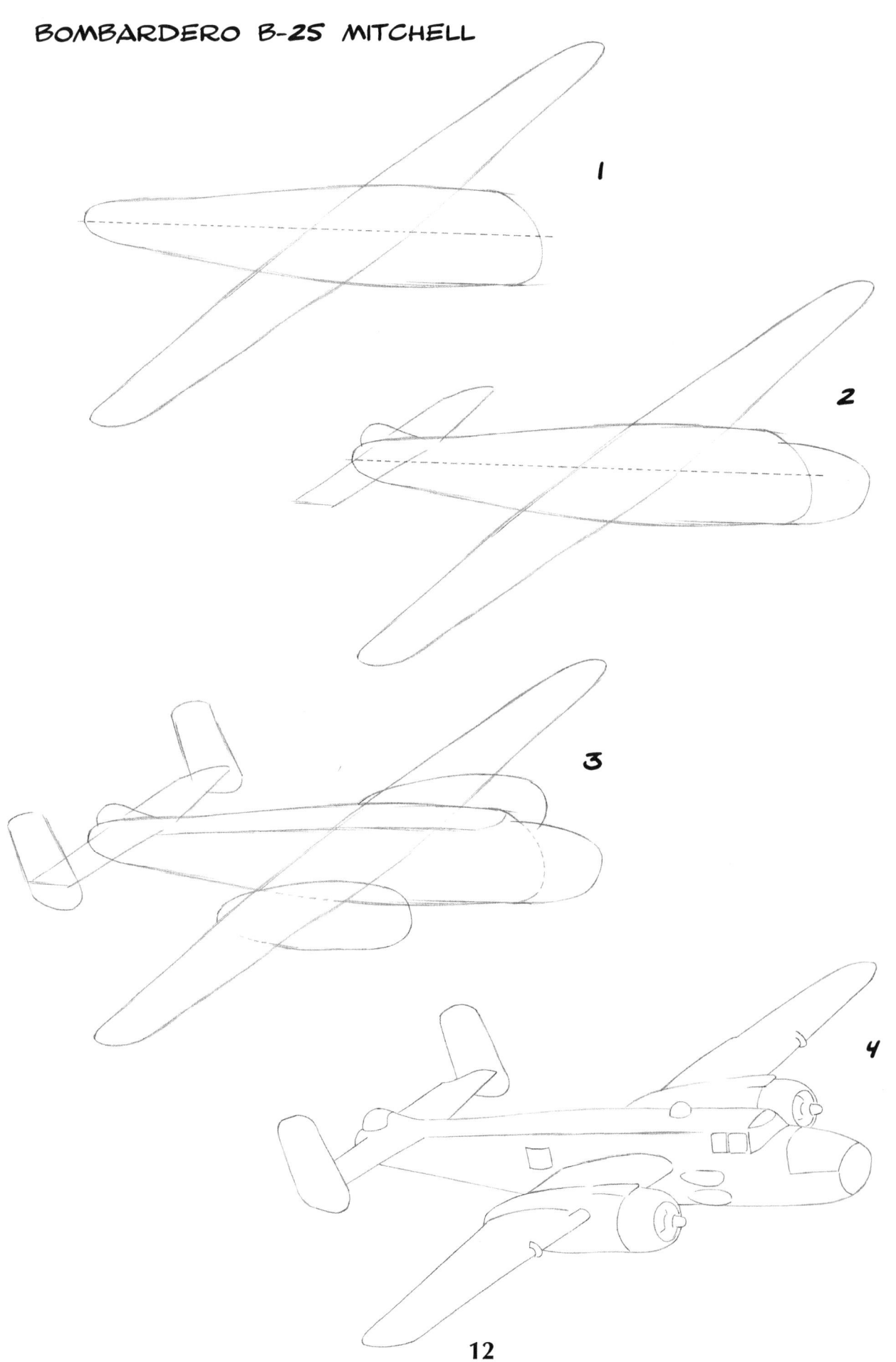

1

2

3

4

12

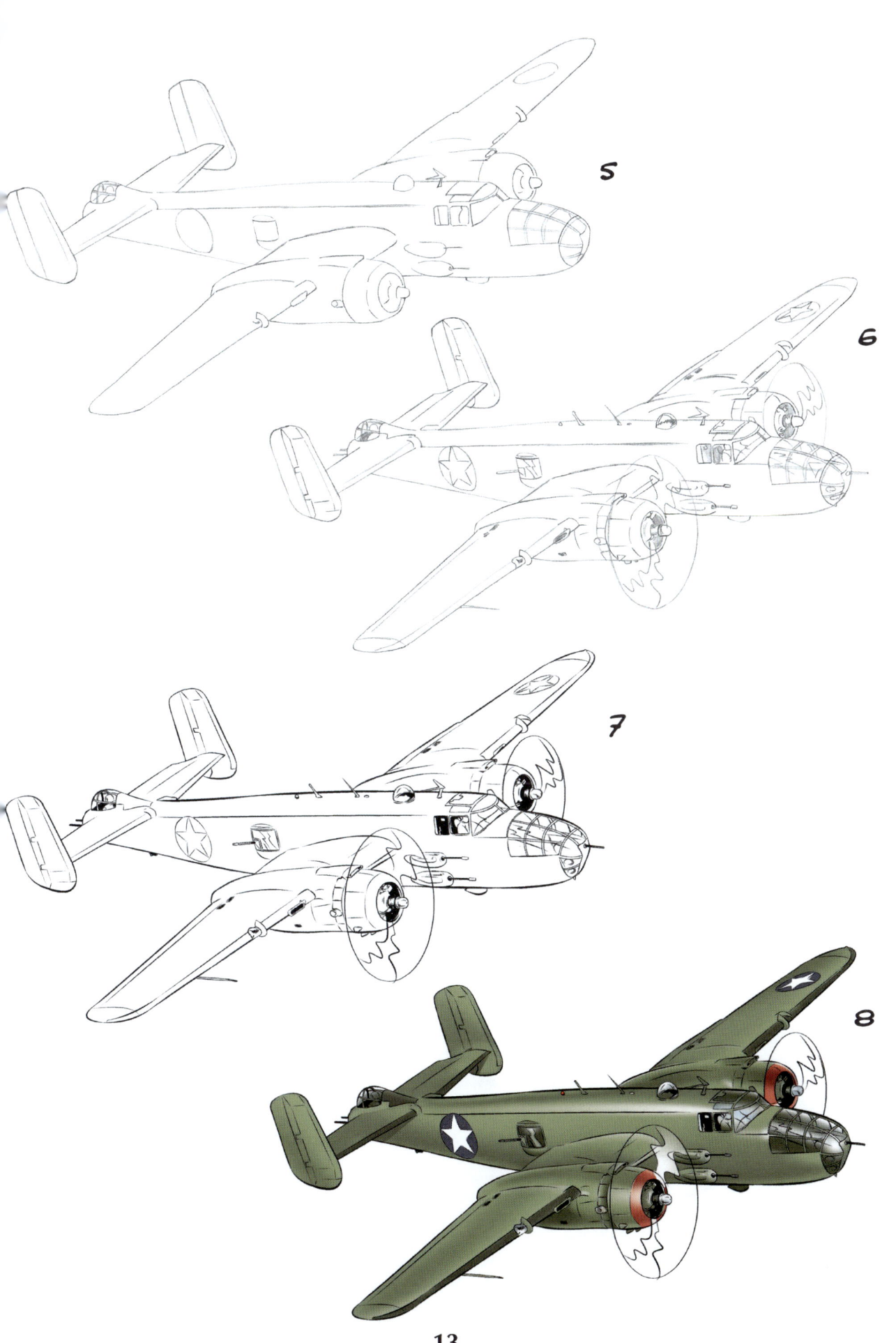

5

6

7

8

13

BOMBARDERO B-2 NORTHROP

1

2

3

4

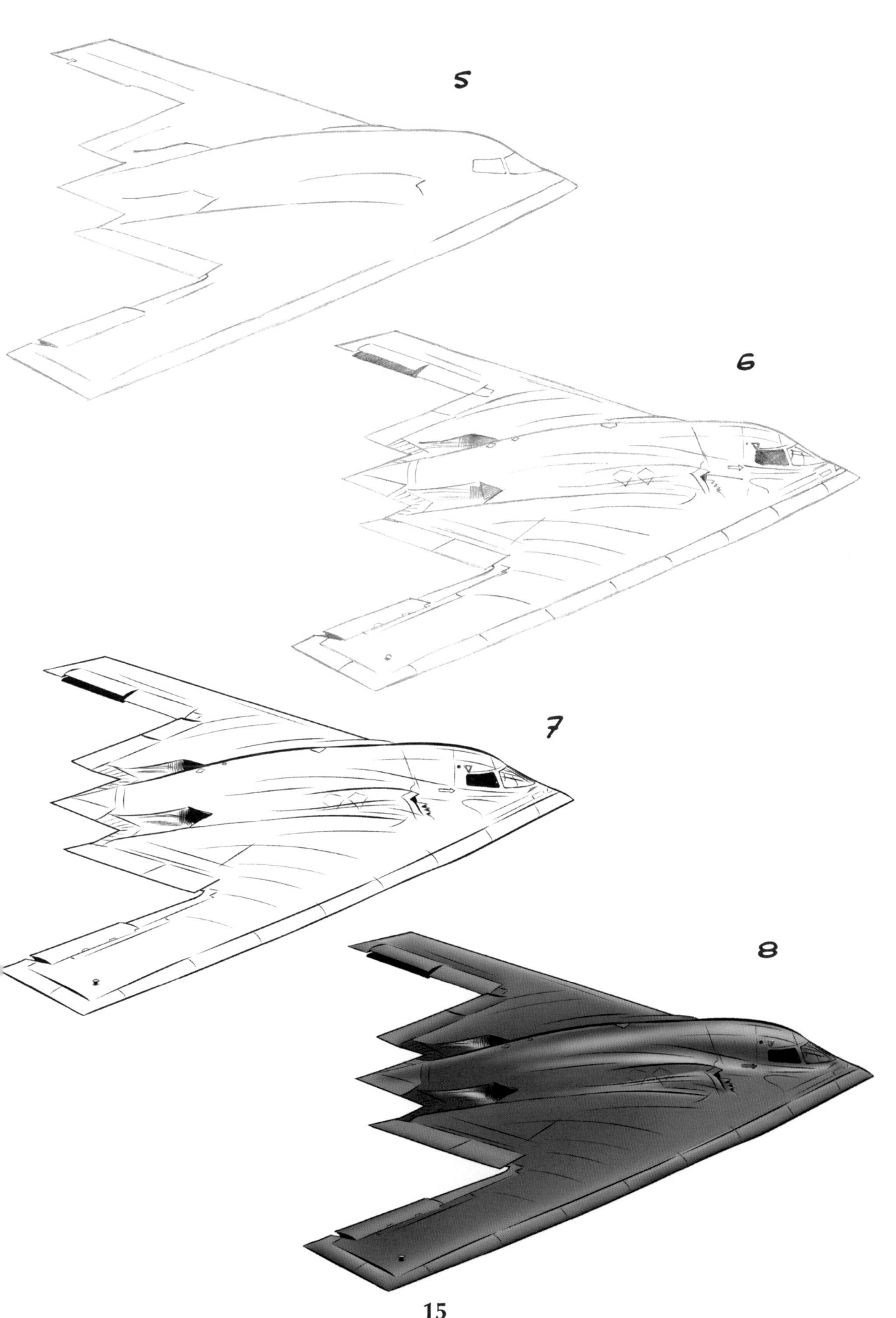

5

6

7

8

BOMBARDERO HIDROAVIÓN CANADAIR

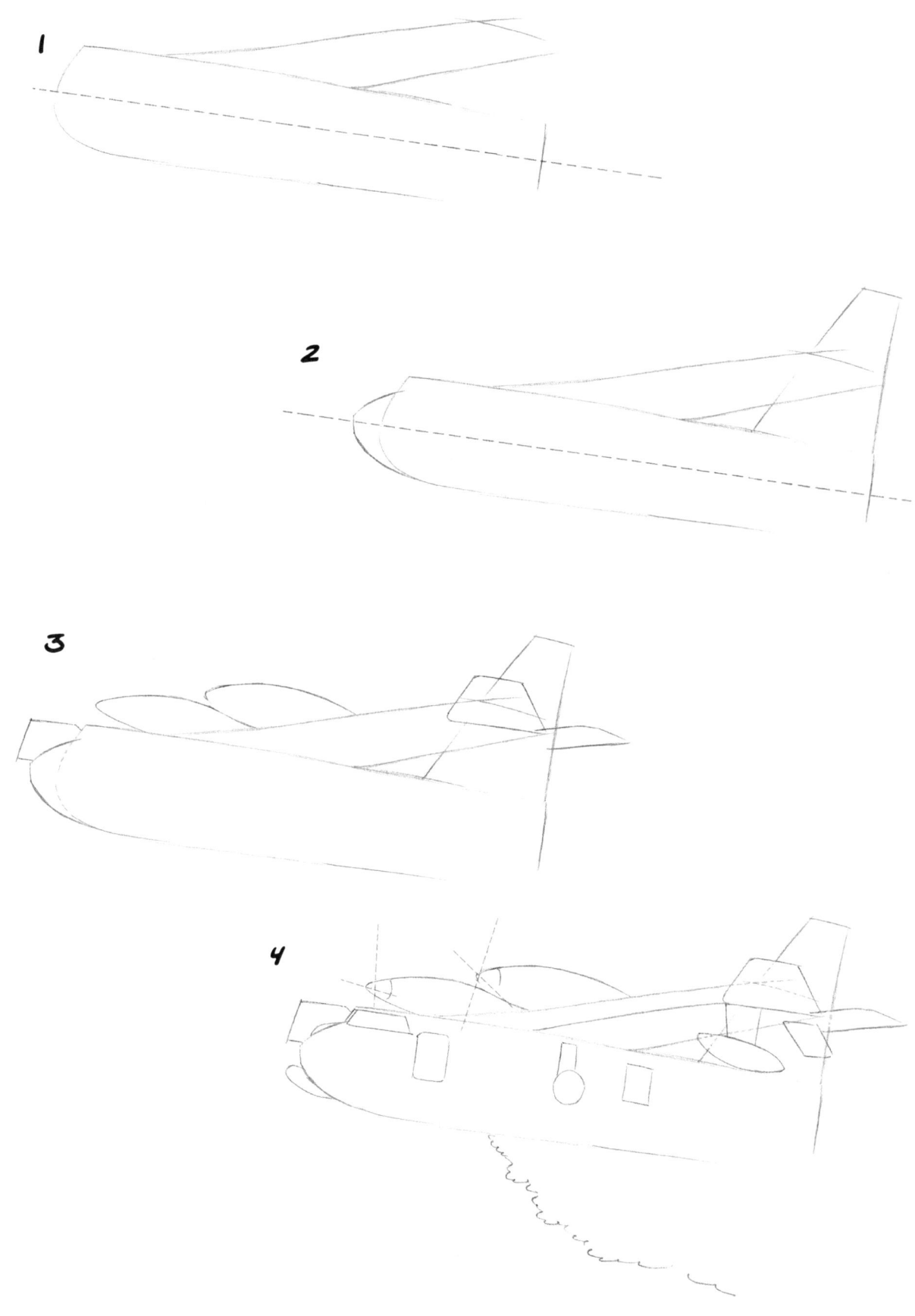

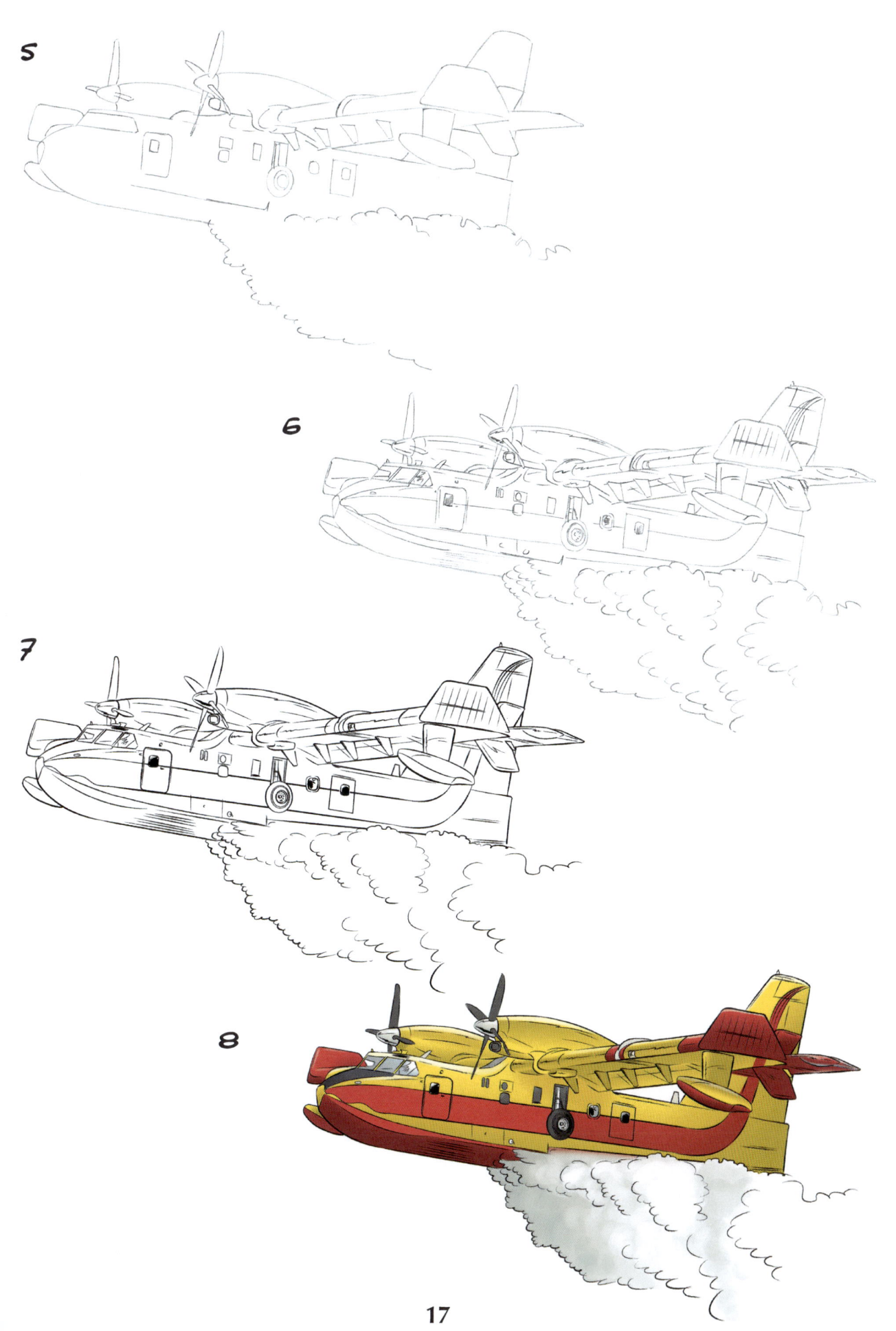

5

6

7

8

AVIONETA CESSNA

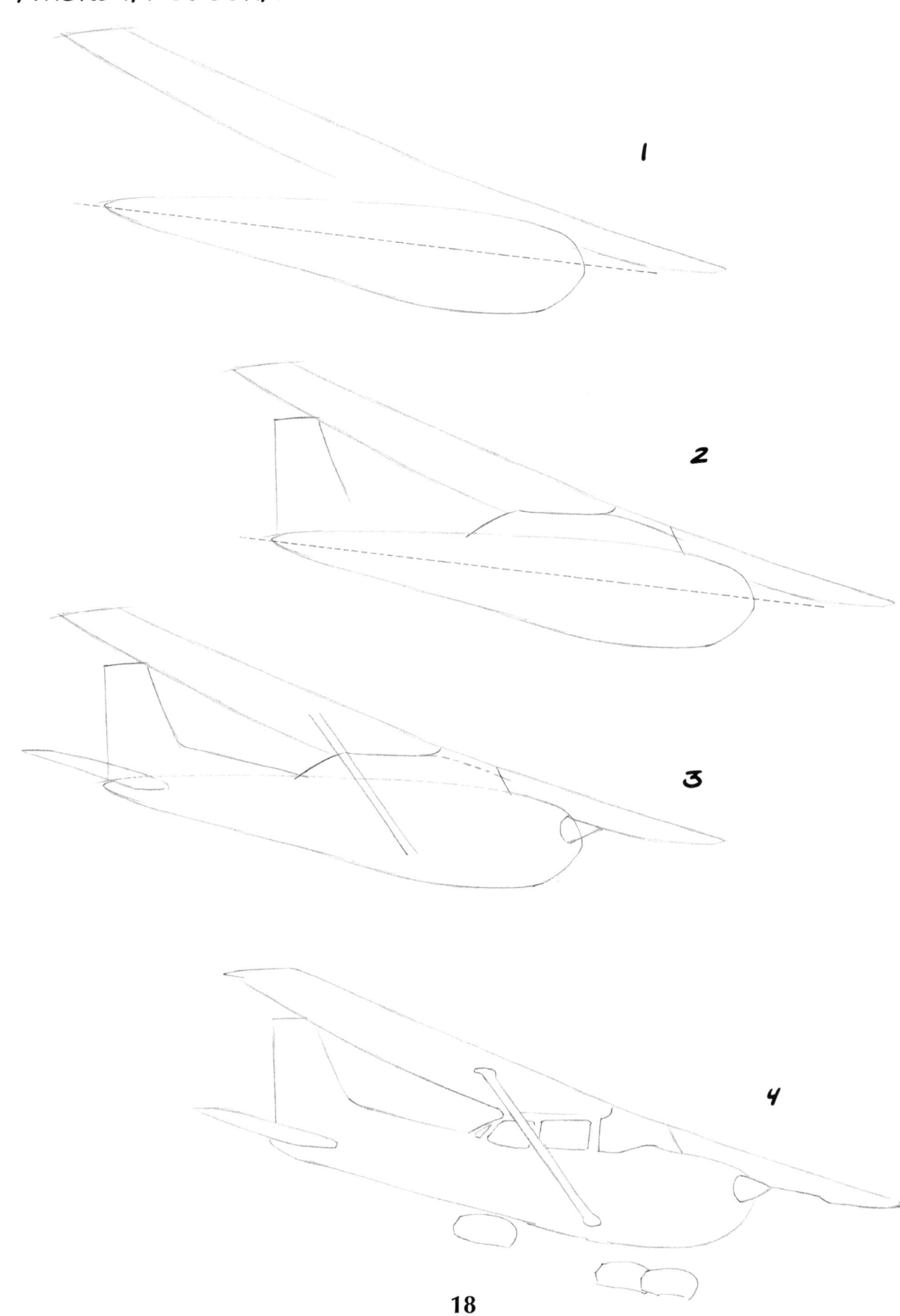

1

2

3

4

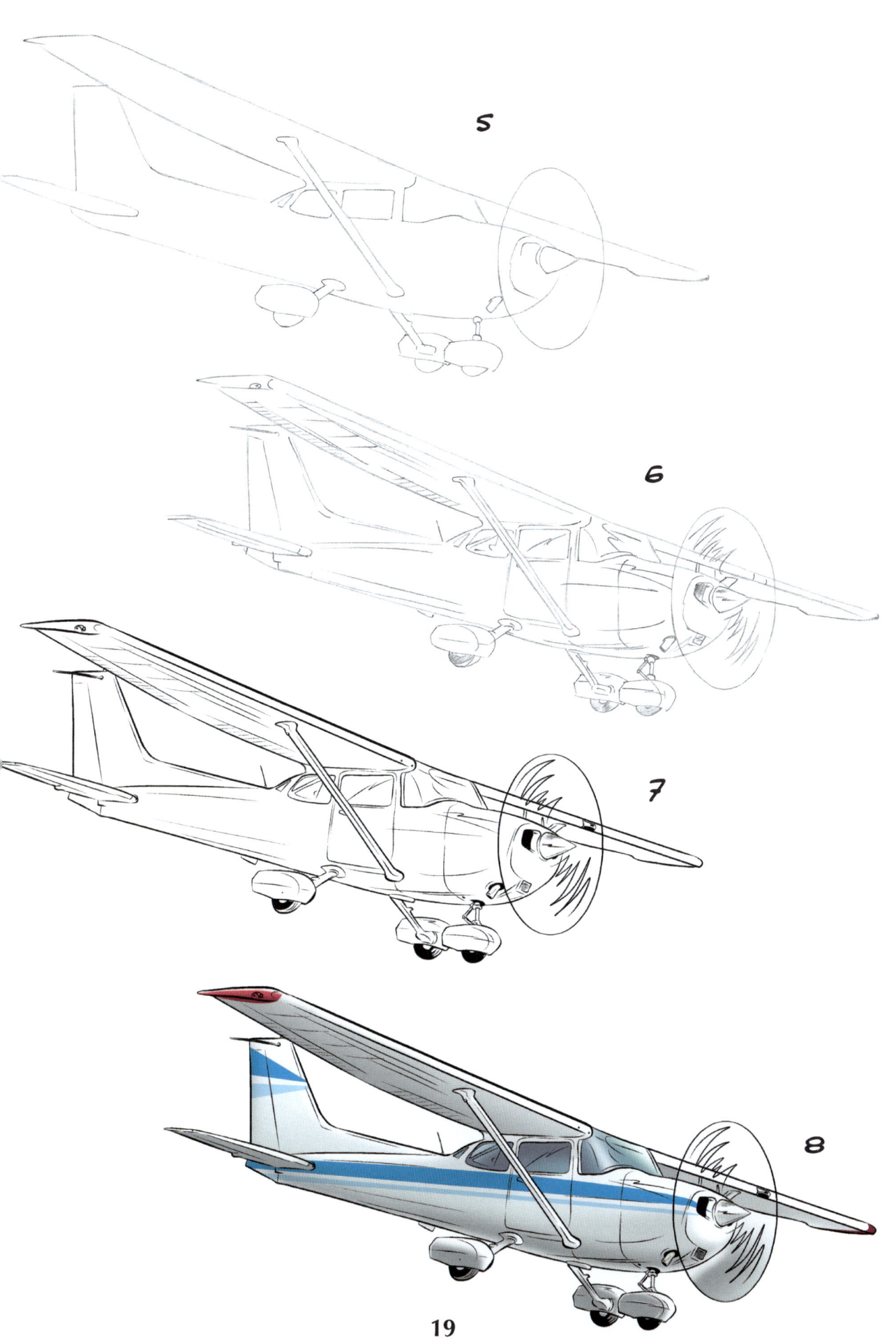

5

6

7

8

EL CONCORDE

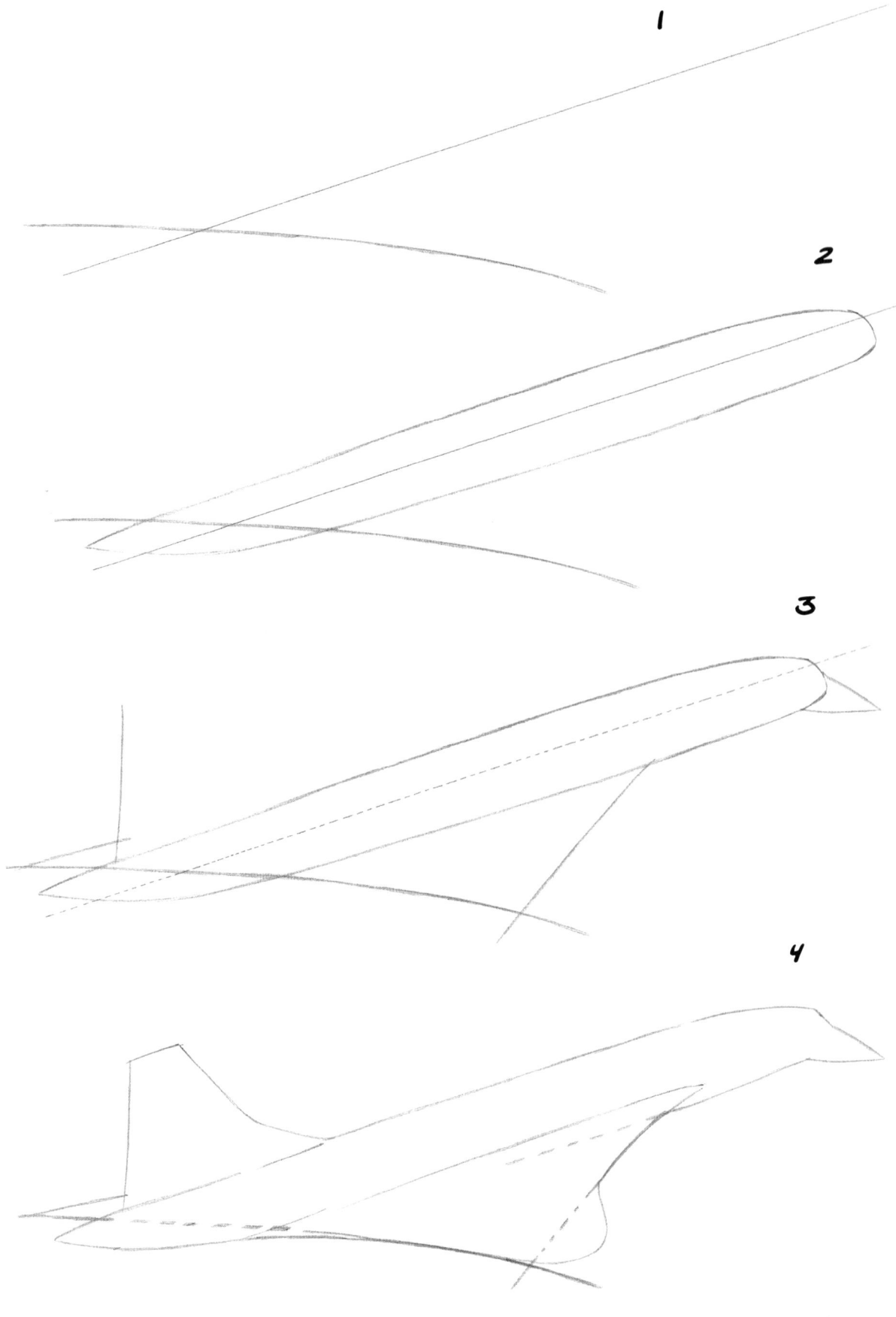

1

2

3

4

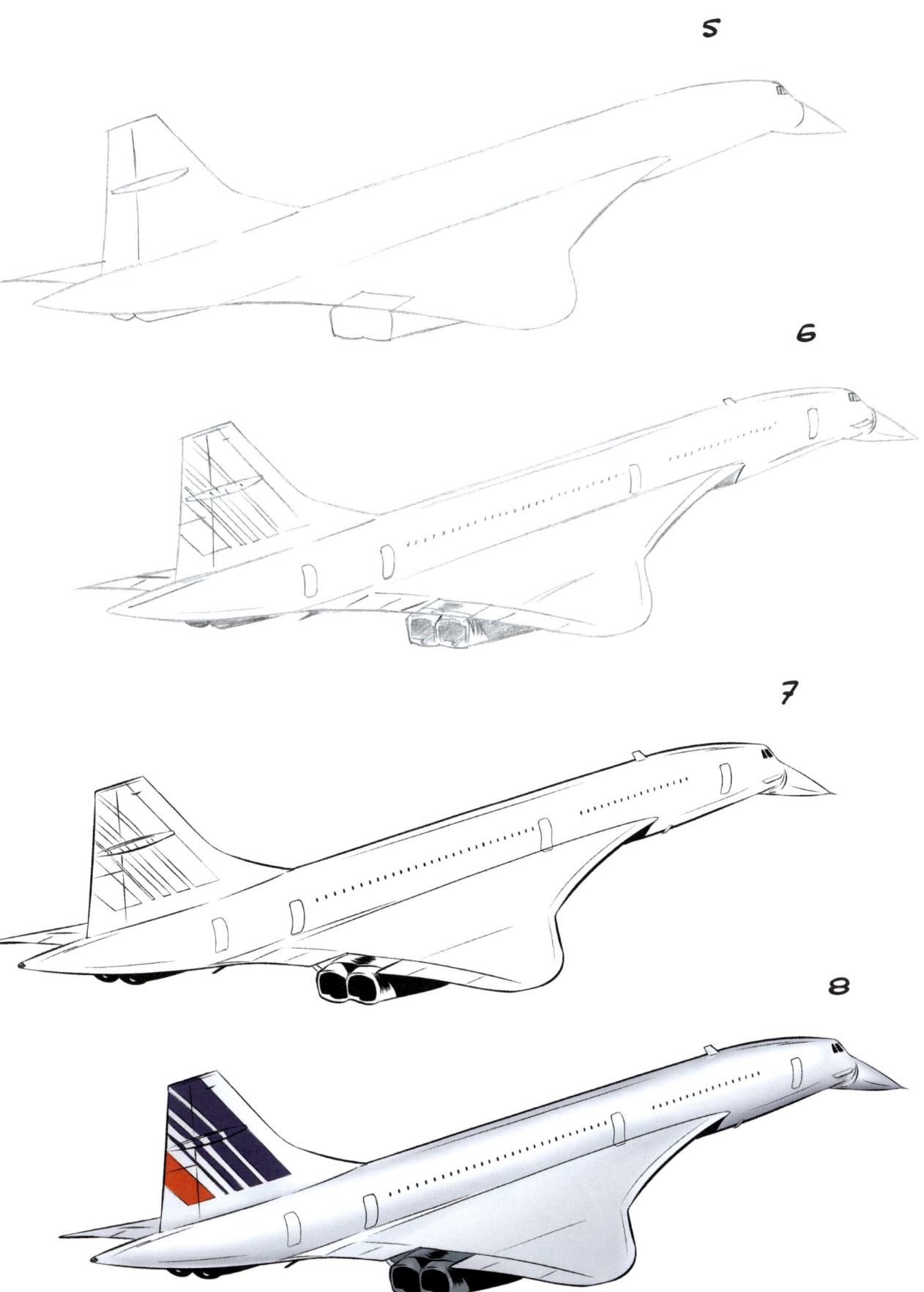

5

6

7

8

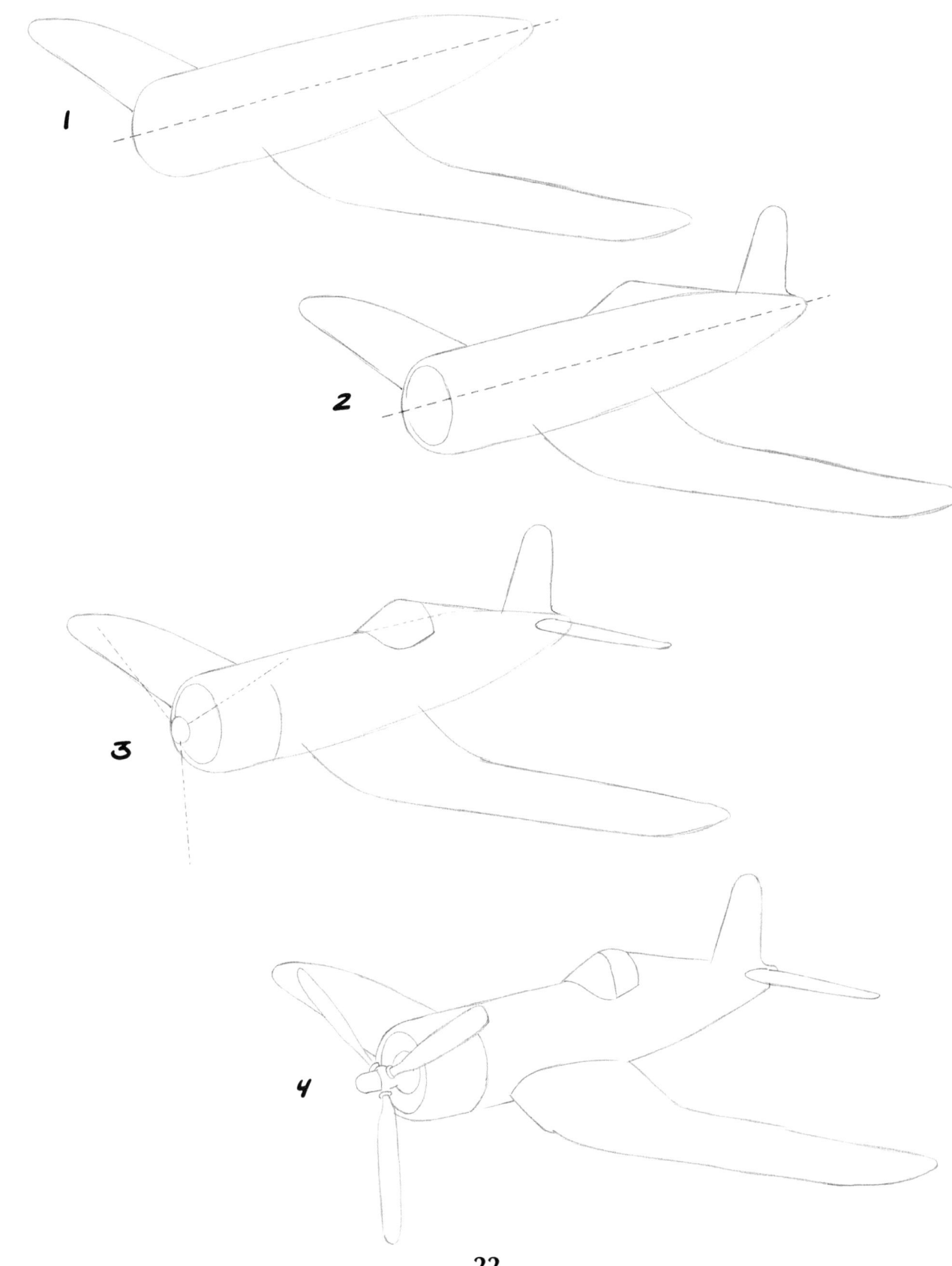

1

2

3

4

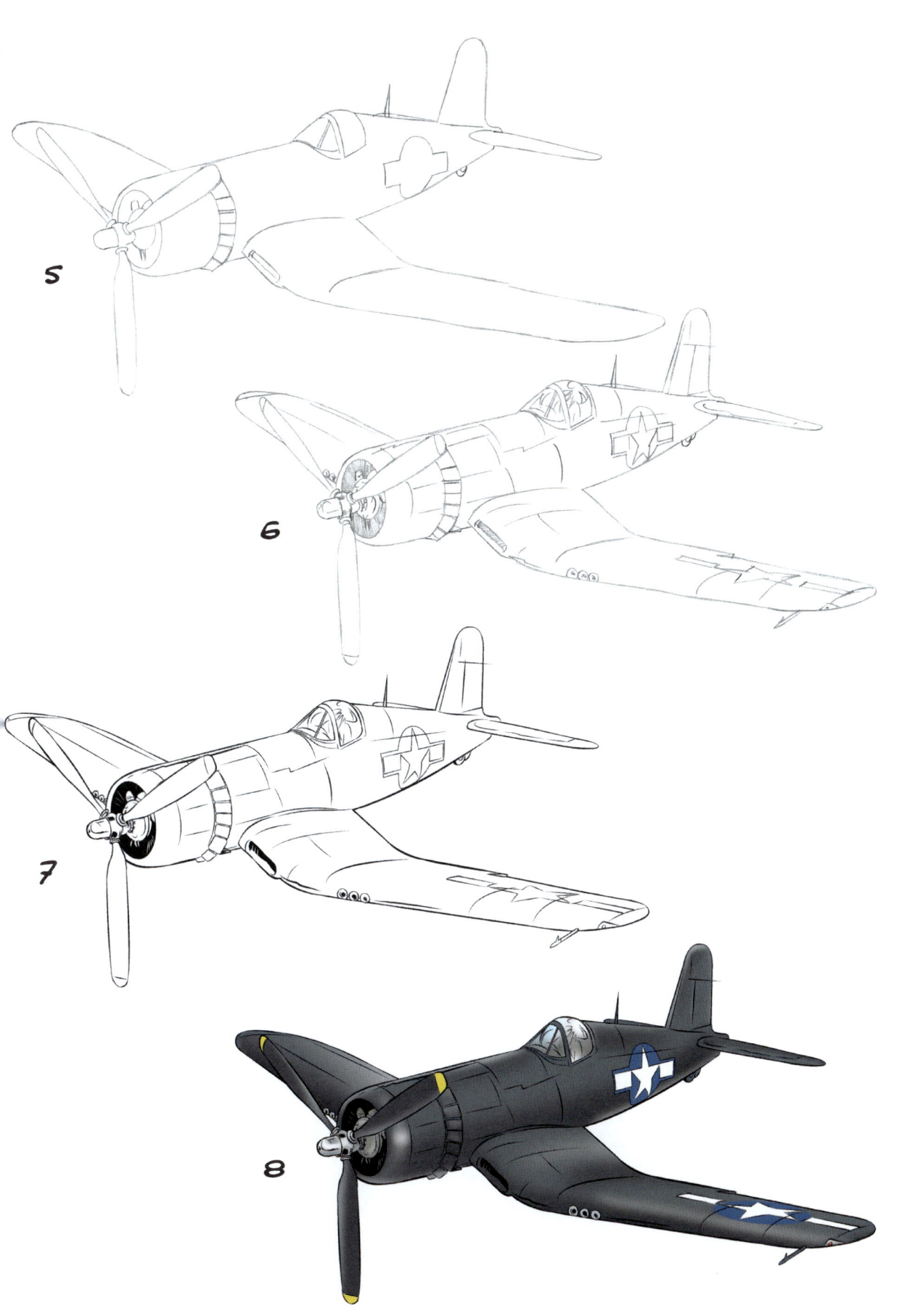

5

6

7

8

DRON

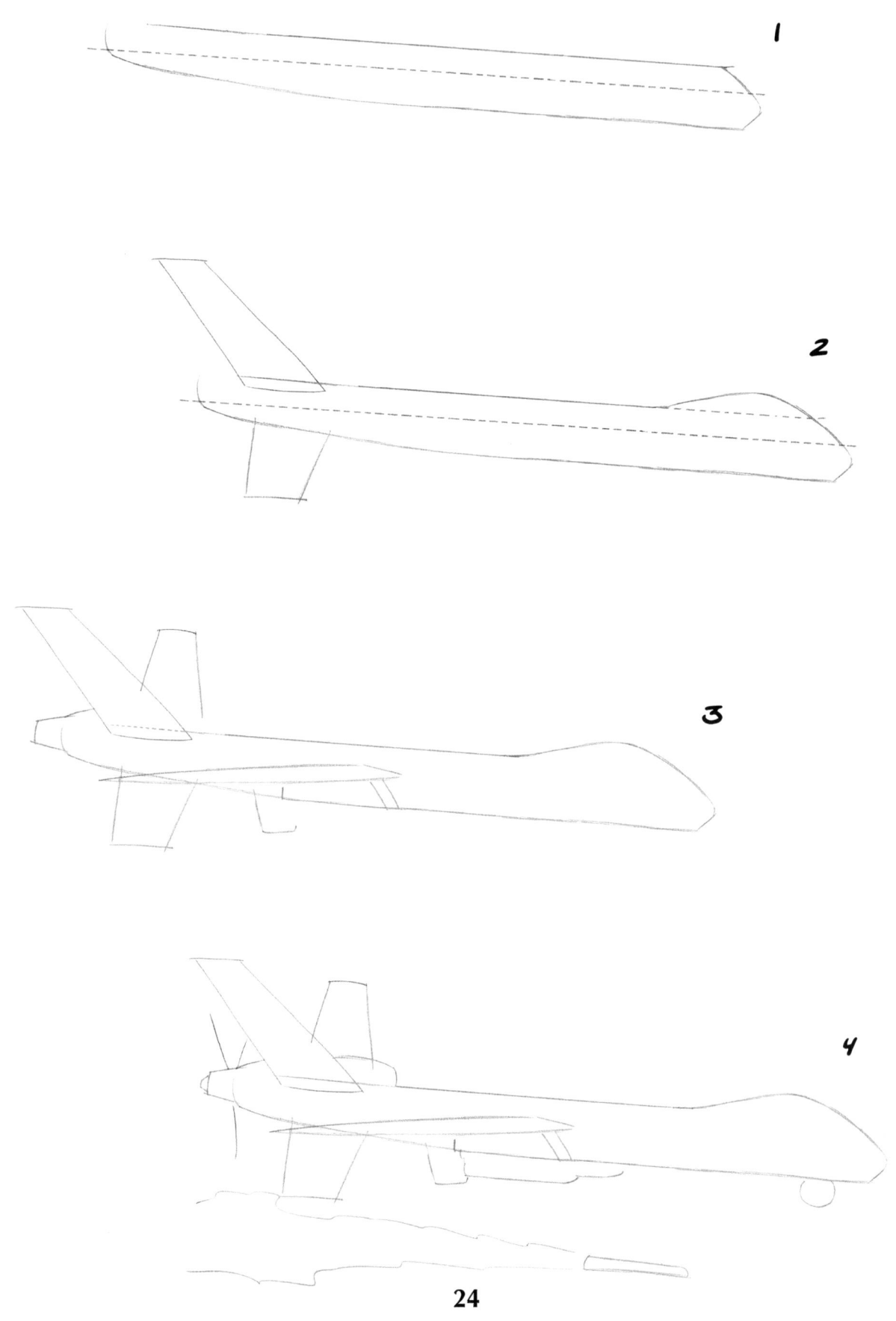

1

2

3

4

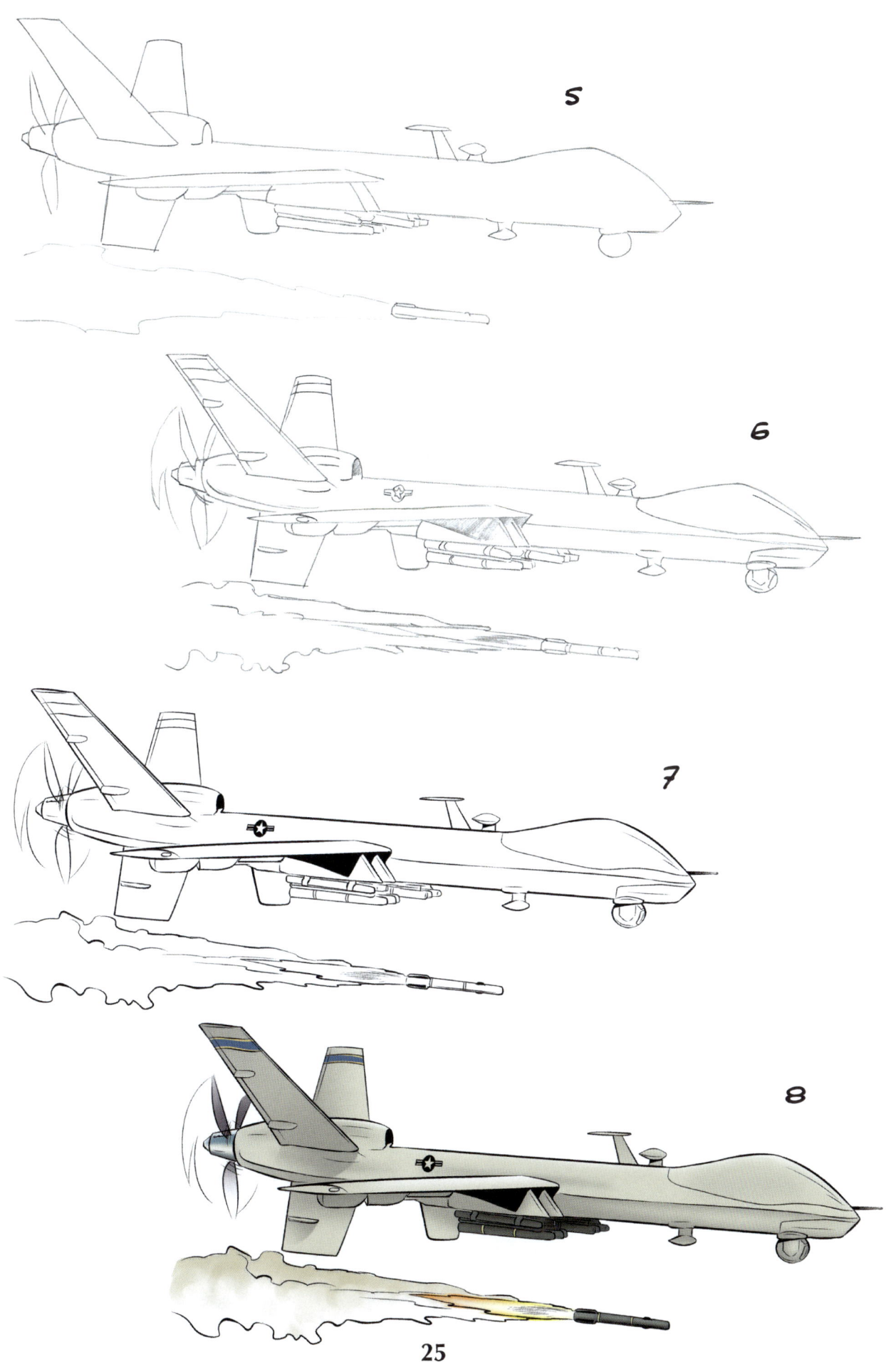

5

6

7

8

EUROFIGHTER TYPHOON

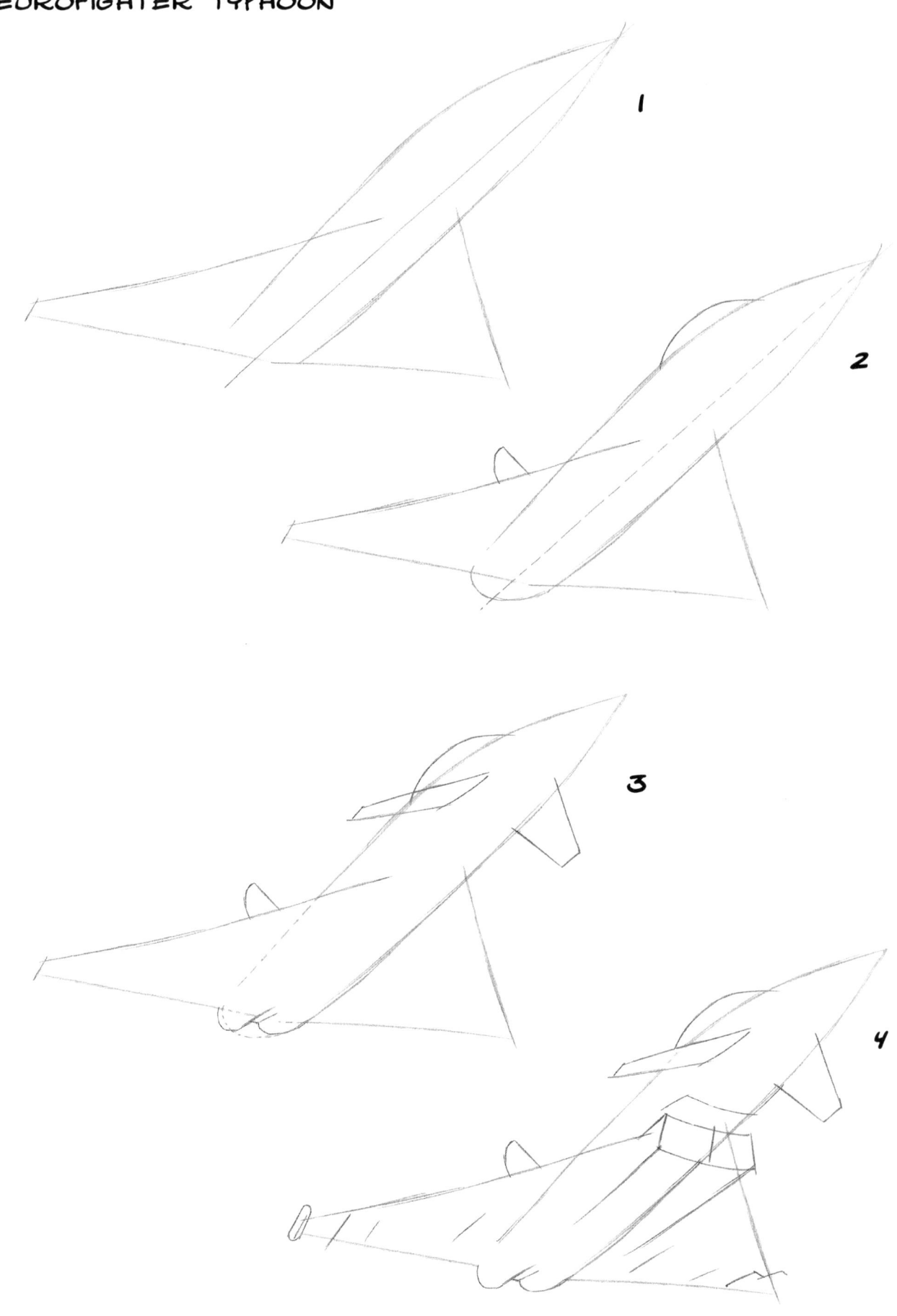

1

2

3

4

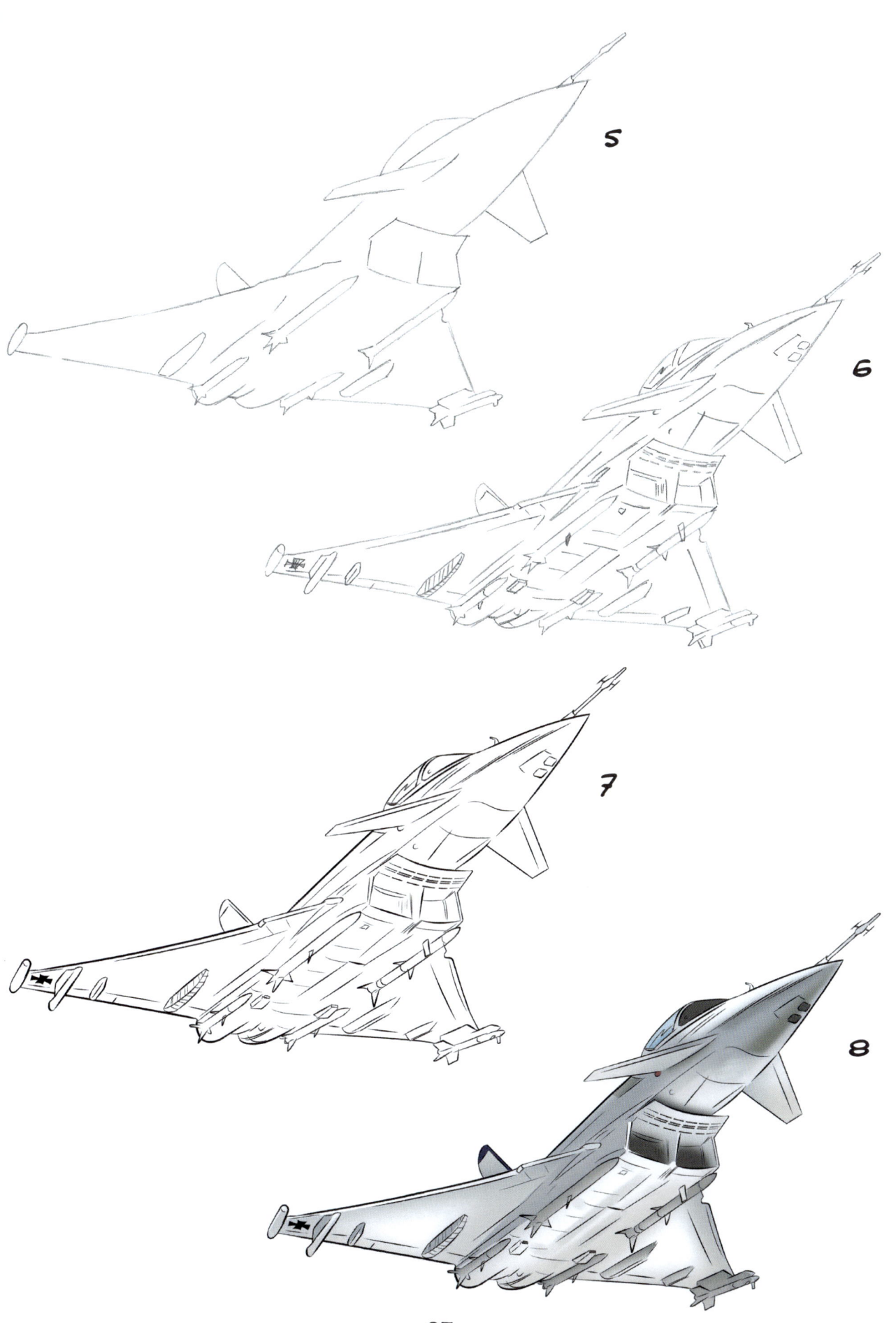

5

6

7

8

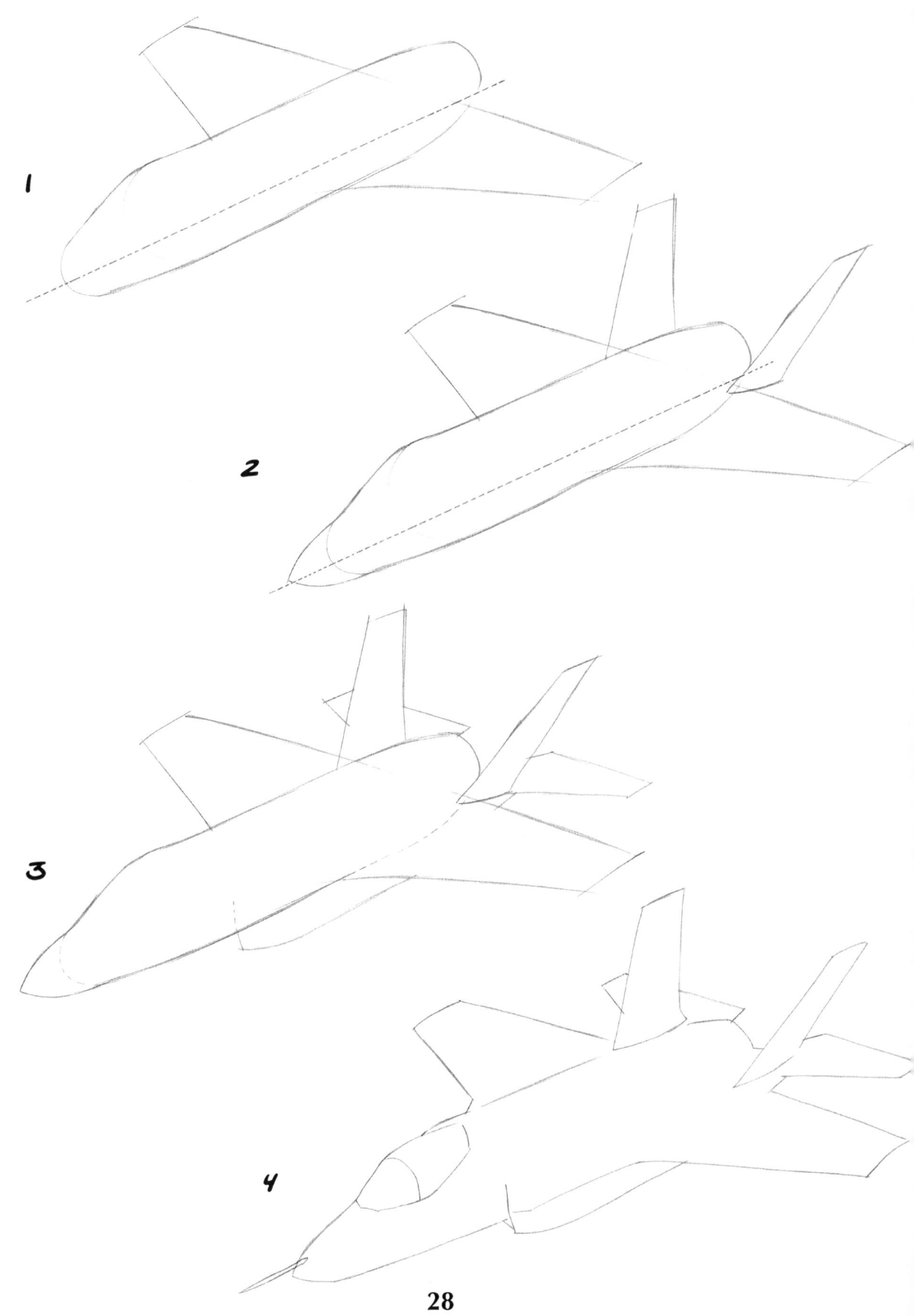

1

2

3

4

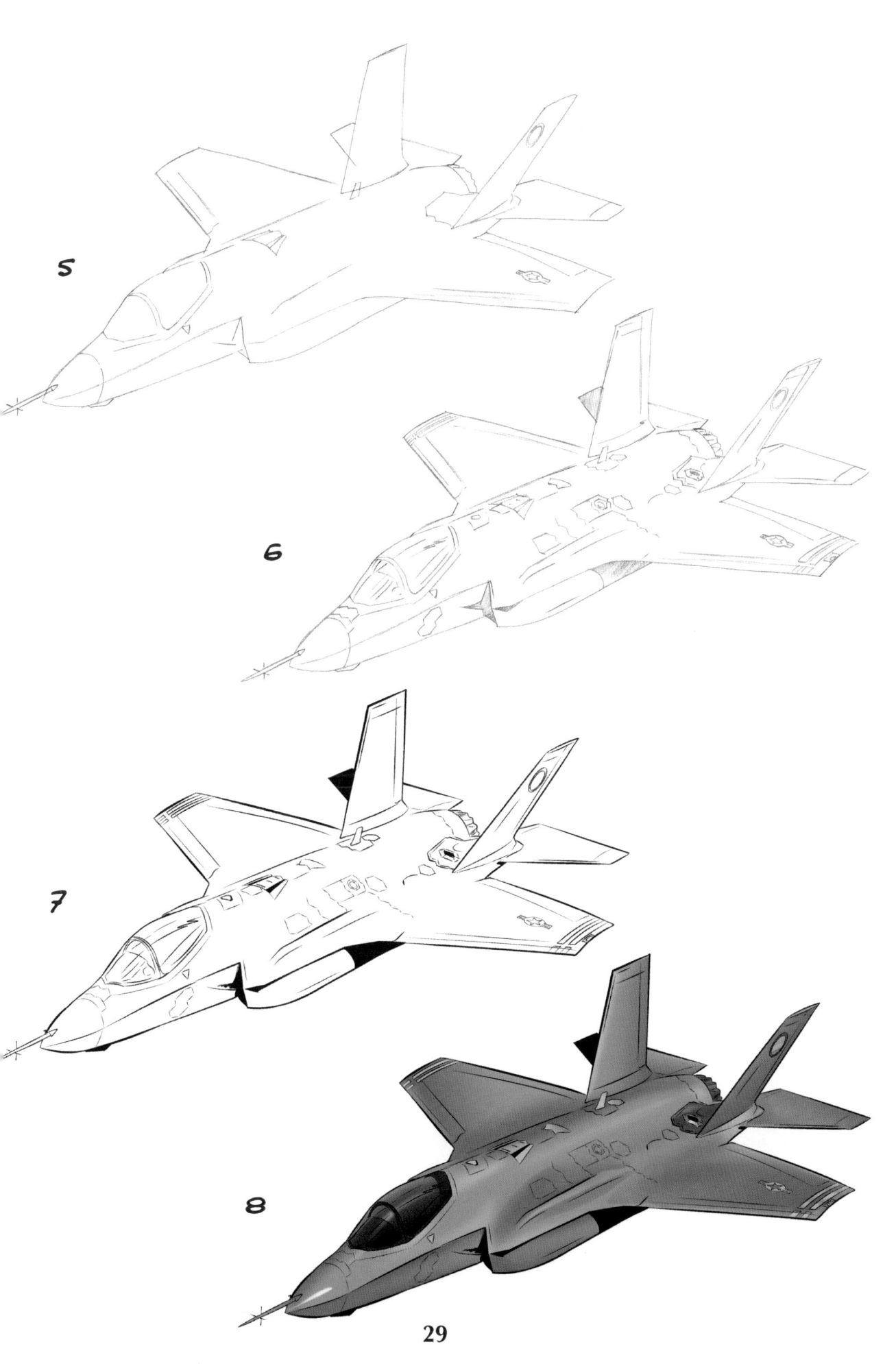

5

6

7

8

FALCON 7X DASSAULT

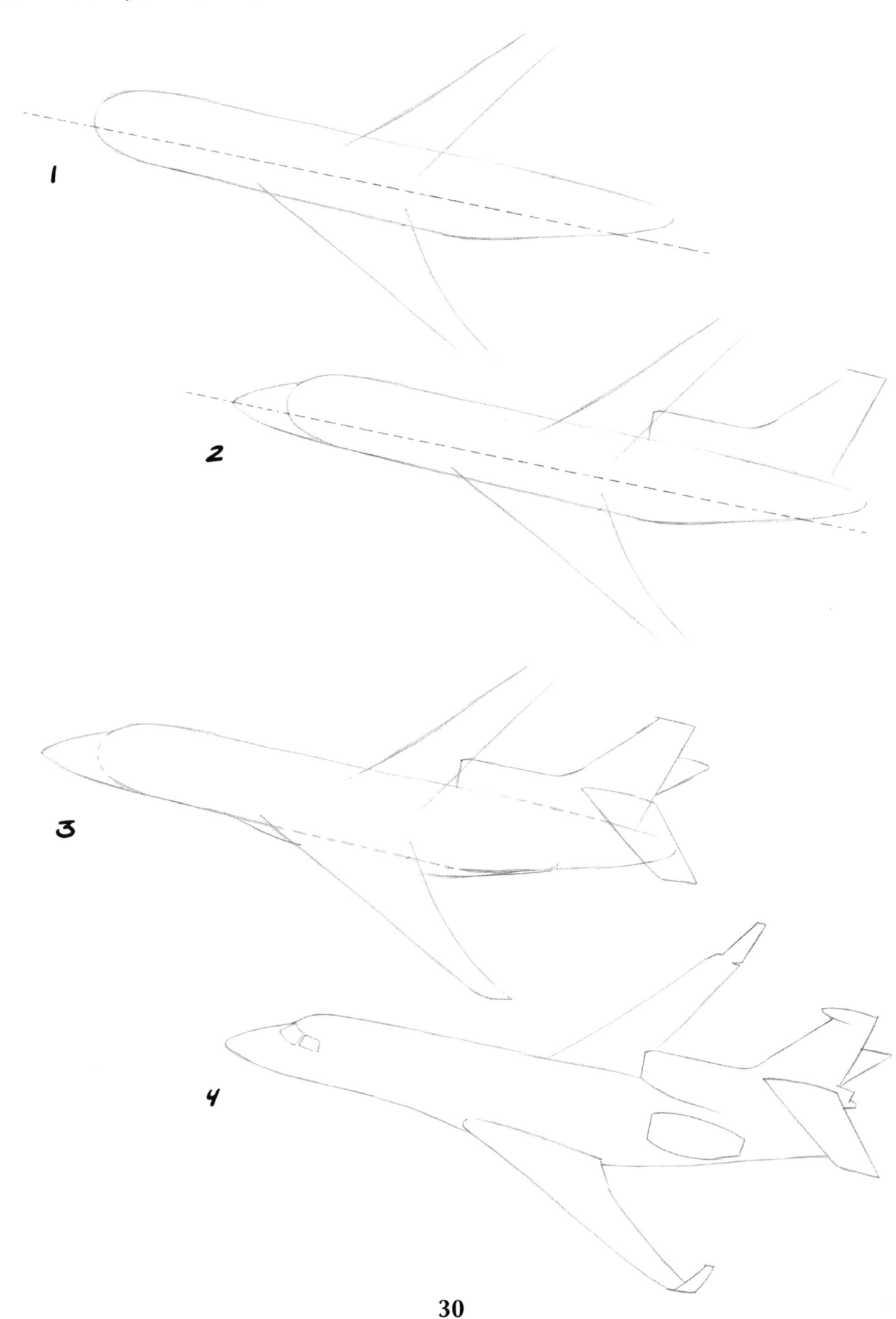

1

2

3

4

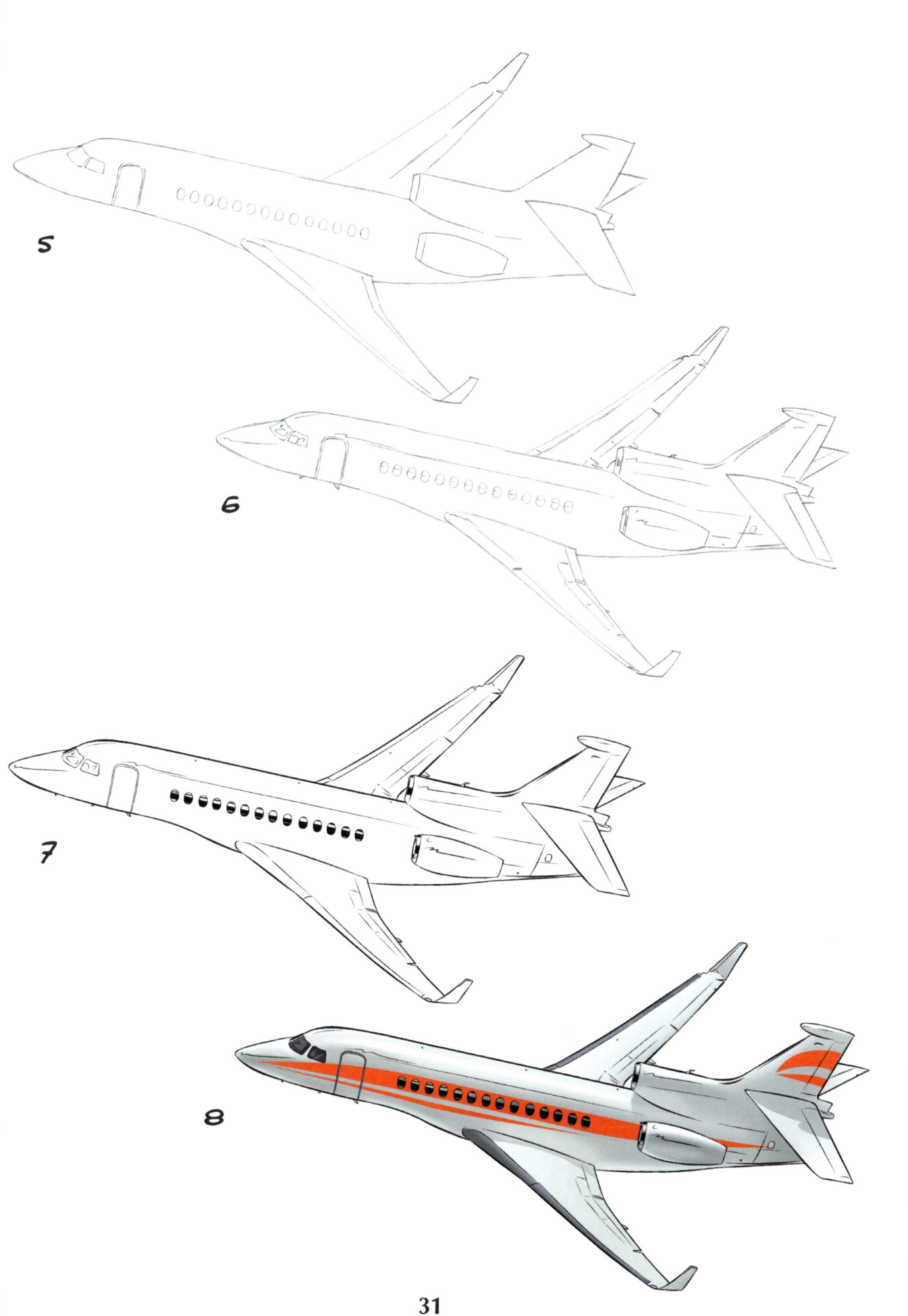

5

6

7

8

EL FOKKER TRIPLANO DEL BARÓN ROJO

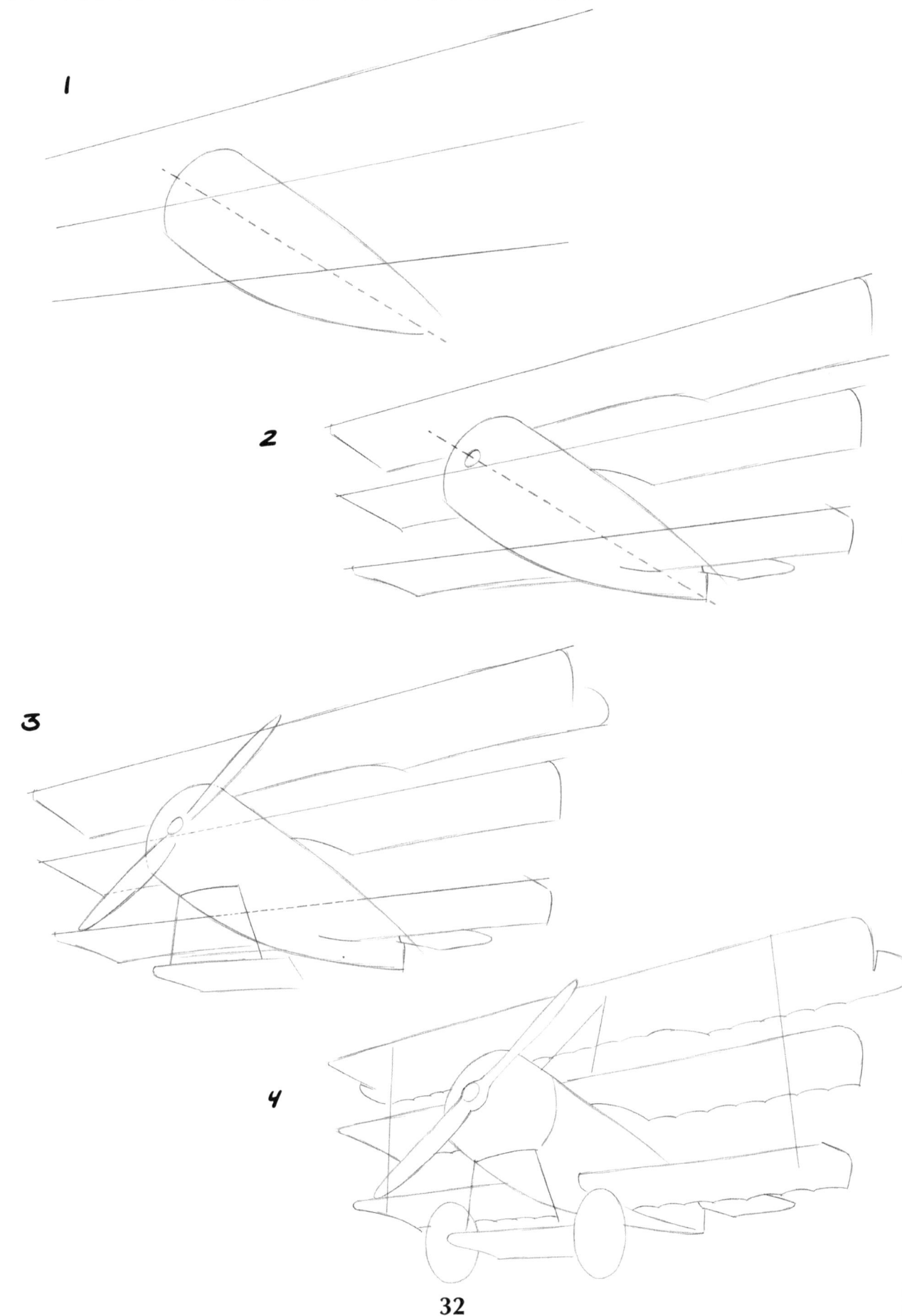

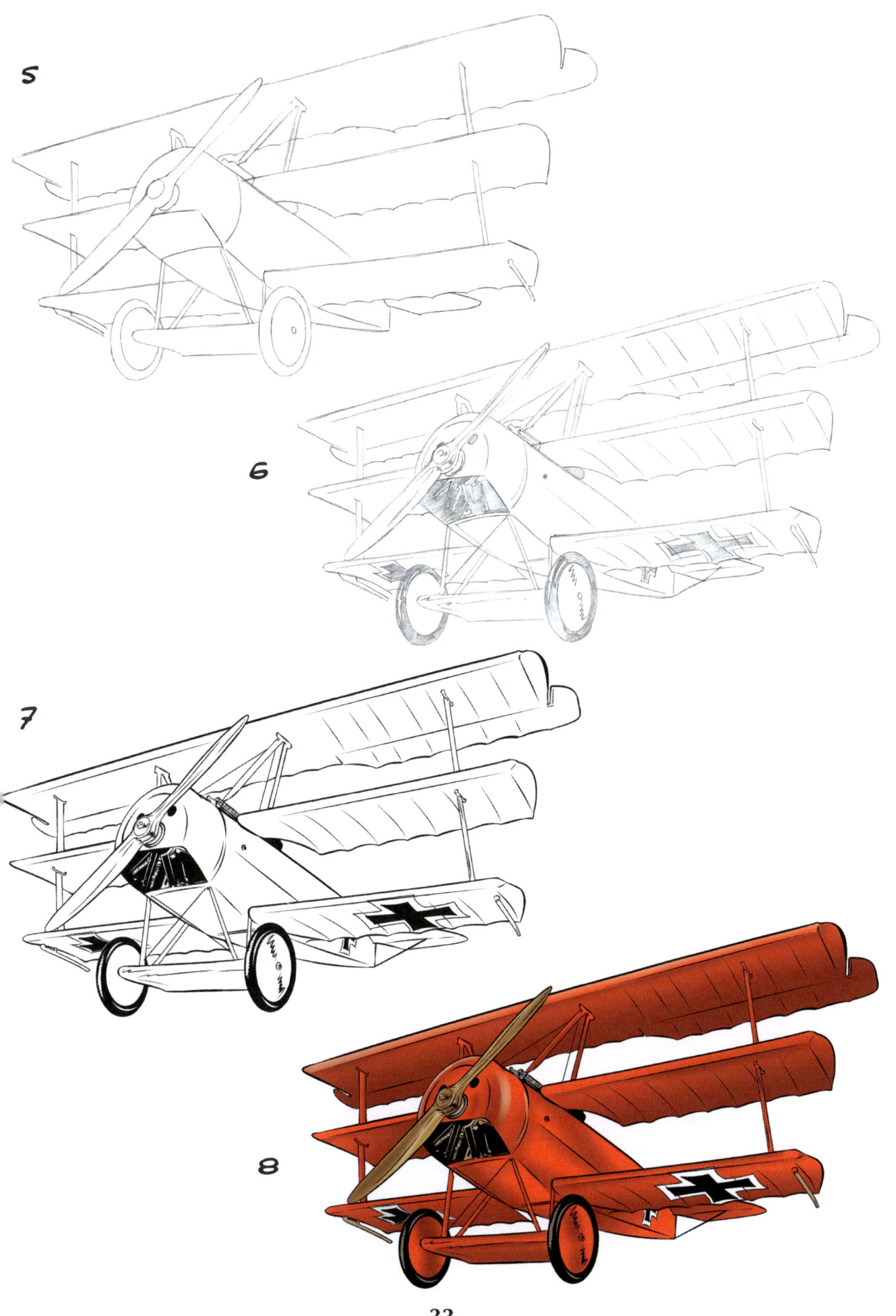

5

6

7

8

AVIÓN ESPÍA F-117 LOCKHEED

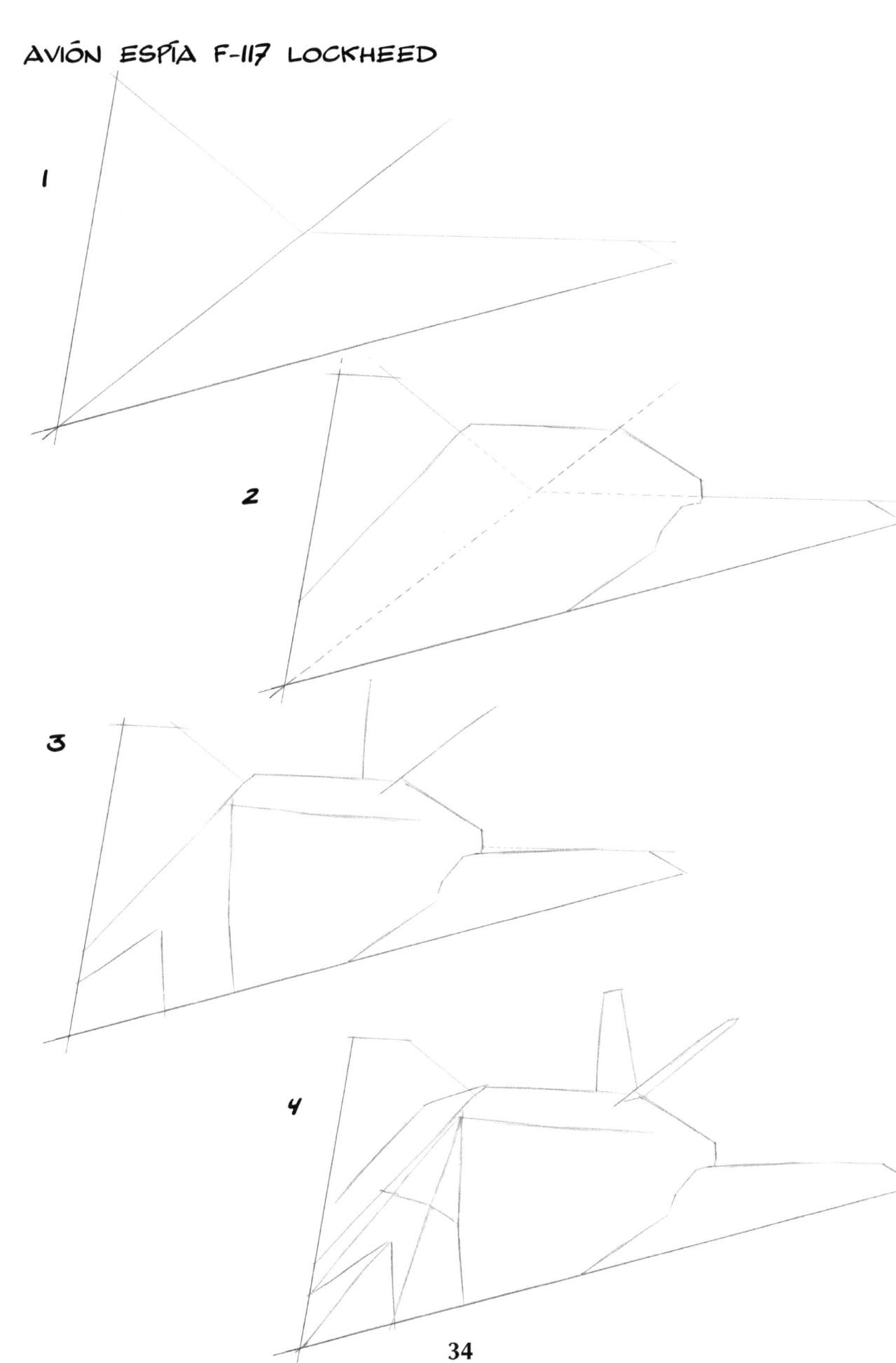

1

2

3

4

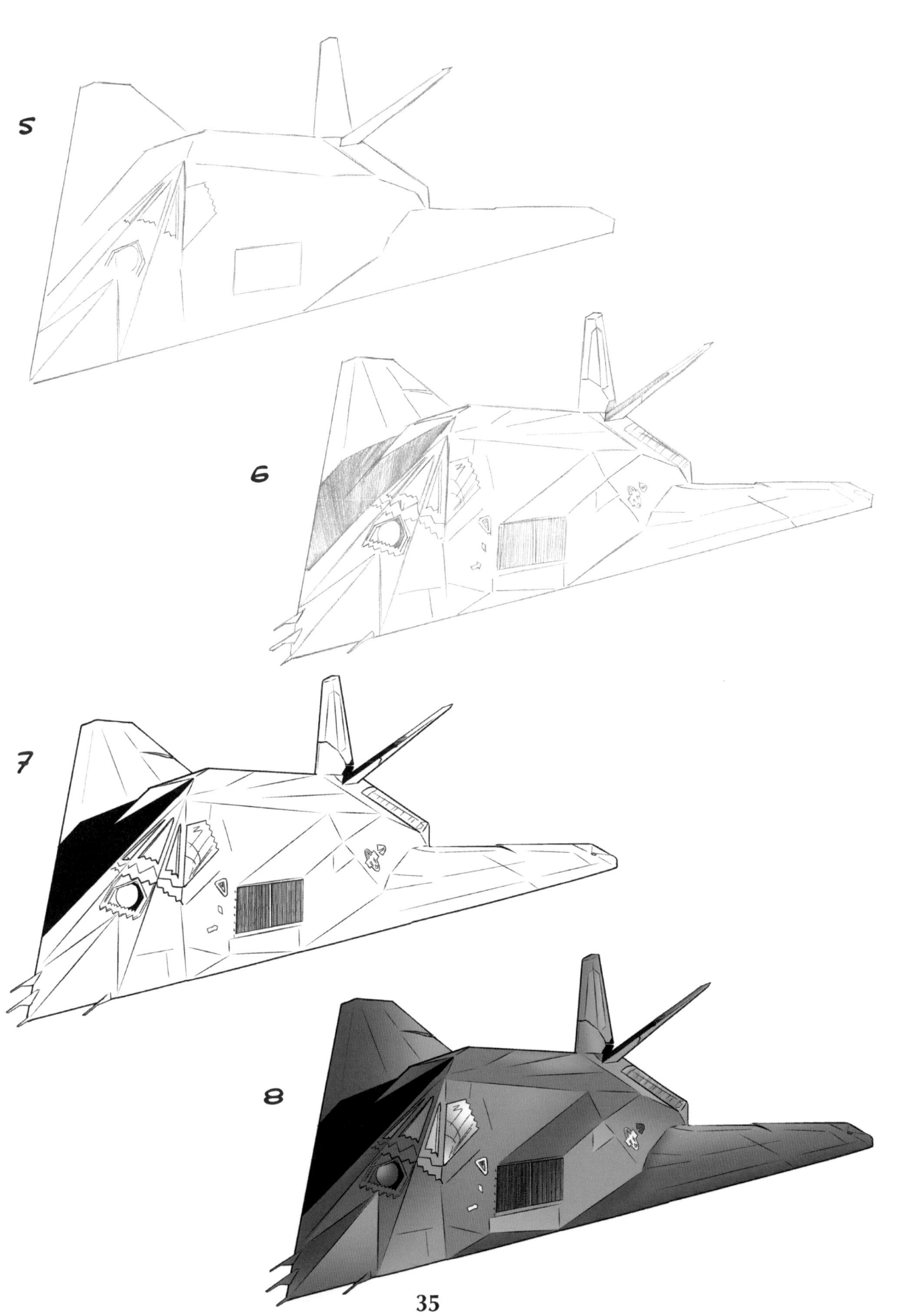

5

6

7

8

MIG-35

1

2

3

4

36

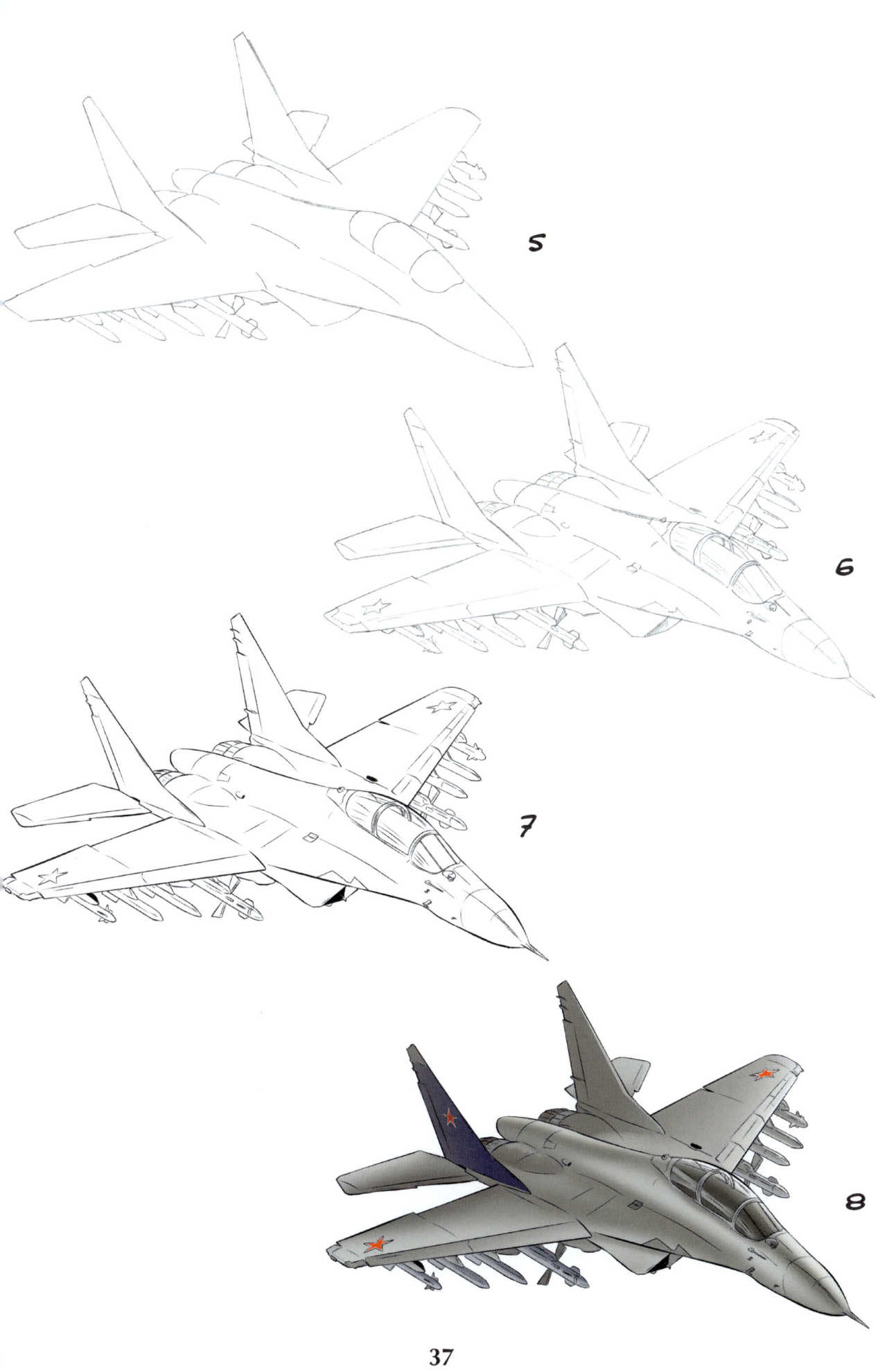

5

6

7

8

P-51 MUSTANG

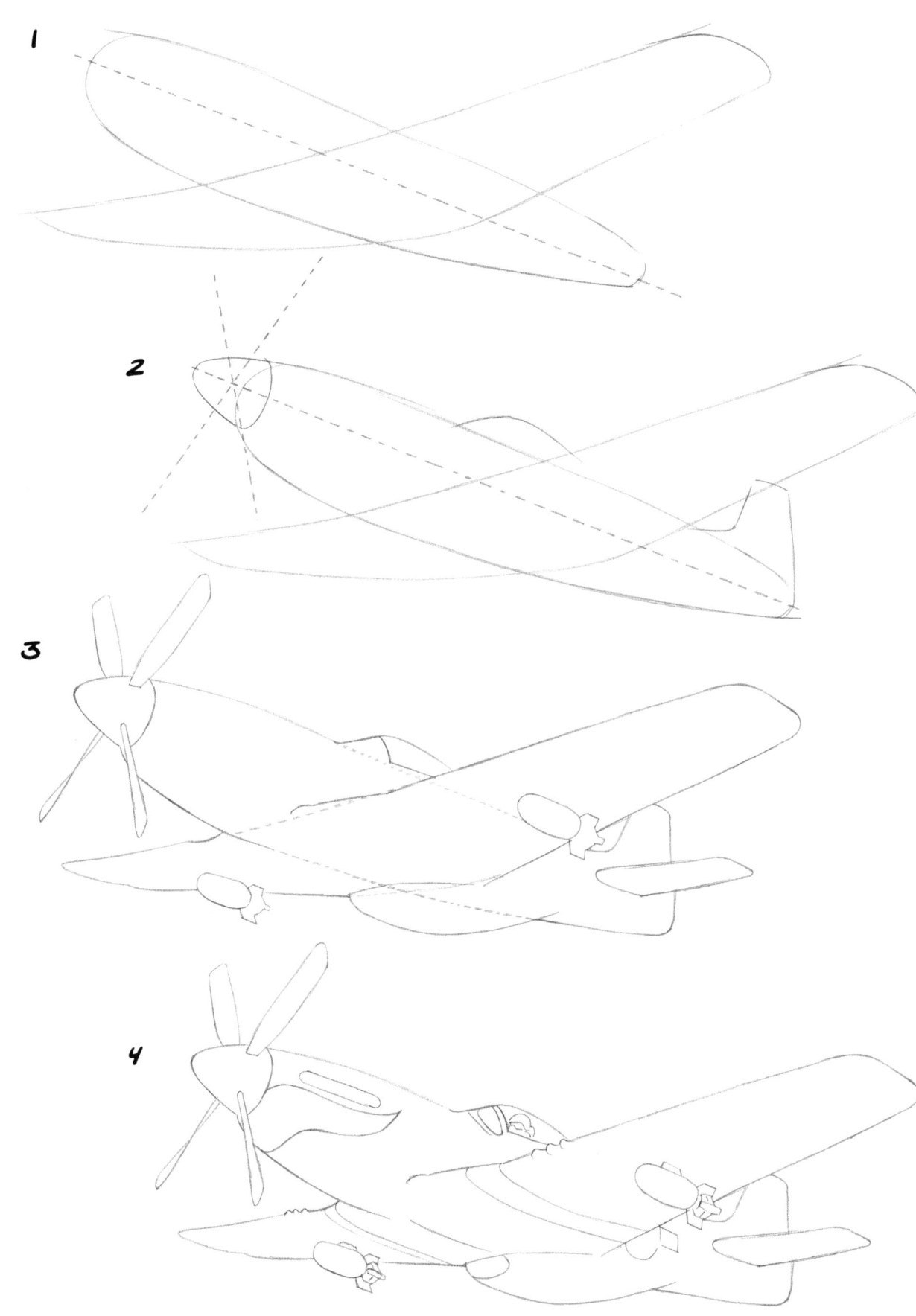

1

2

3

4

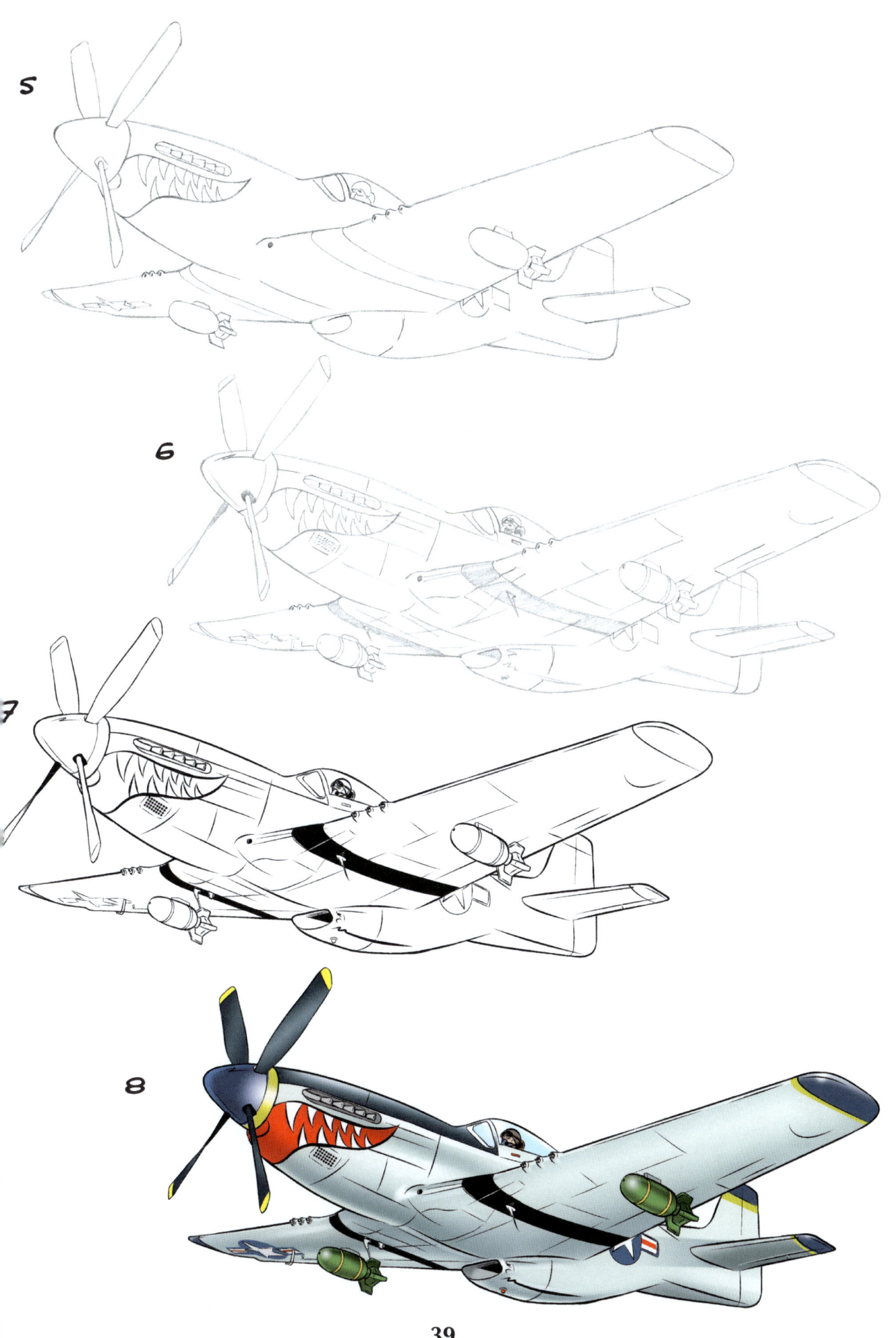

BOEING P-26 PEASHOOTER

1

2

3

4

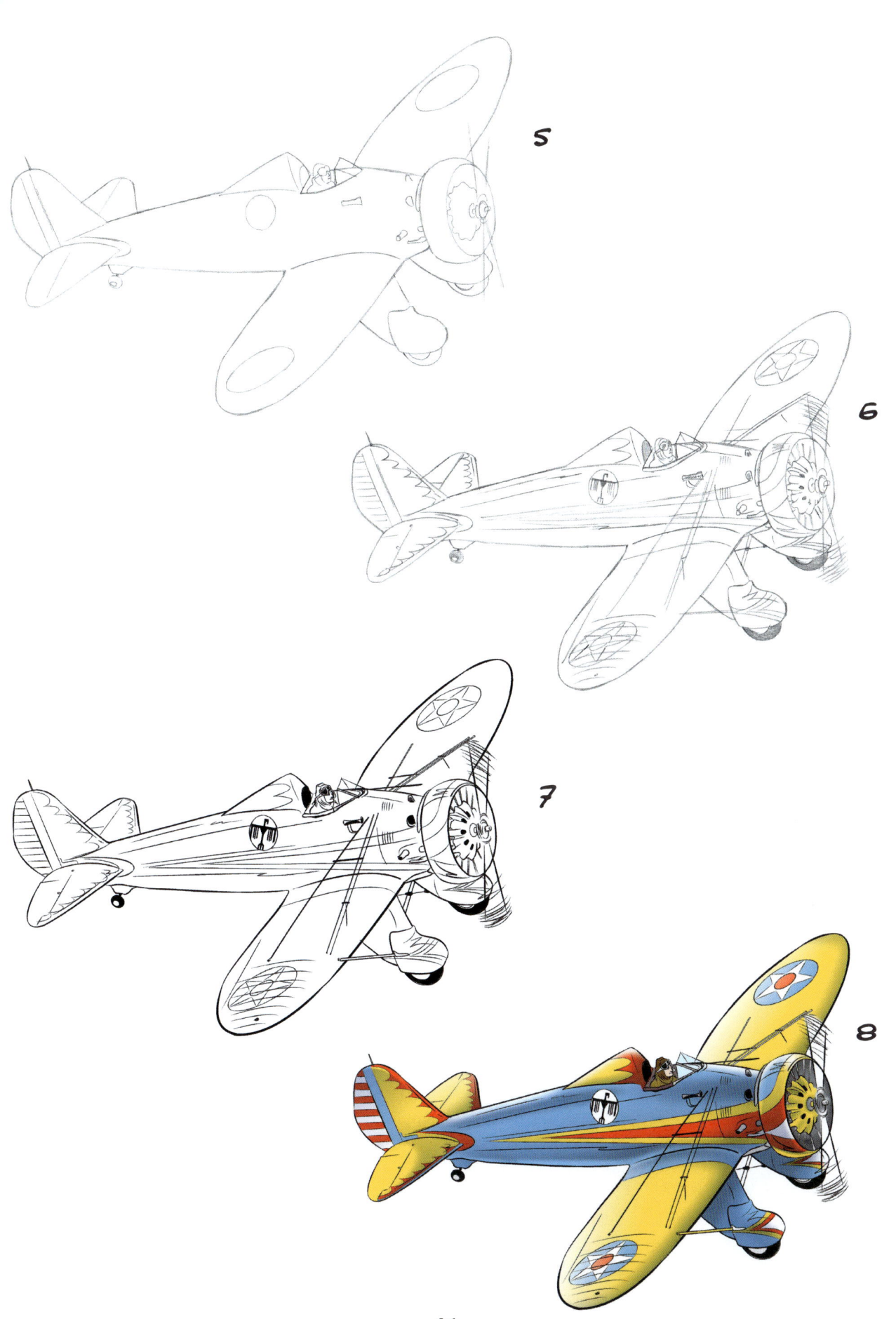

5

6

7

8

LOCKHEED P-38

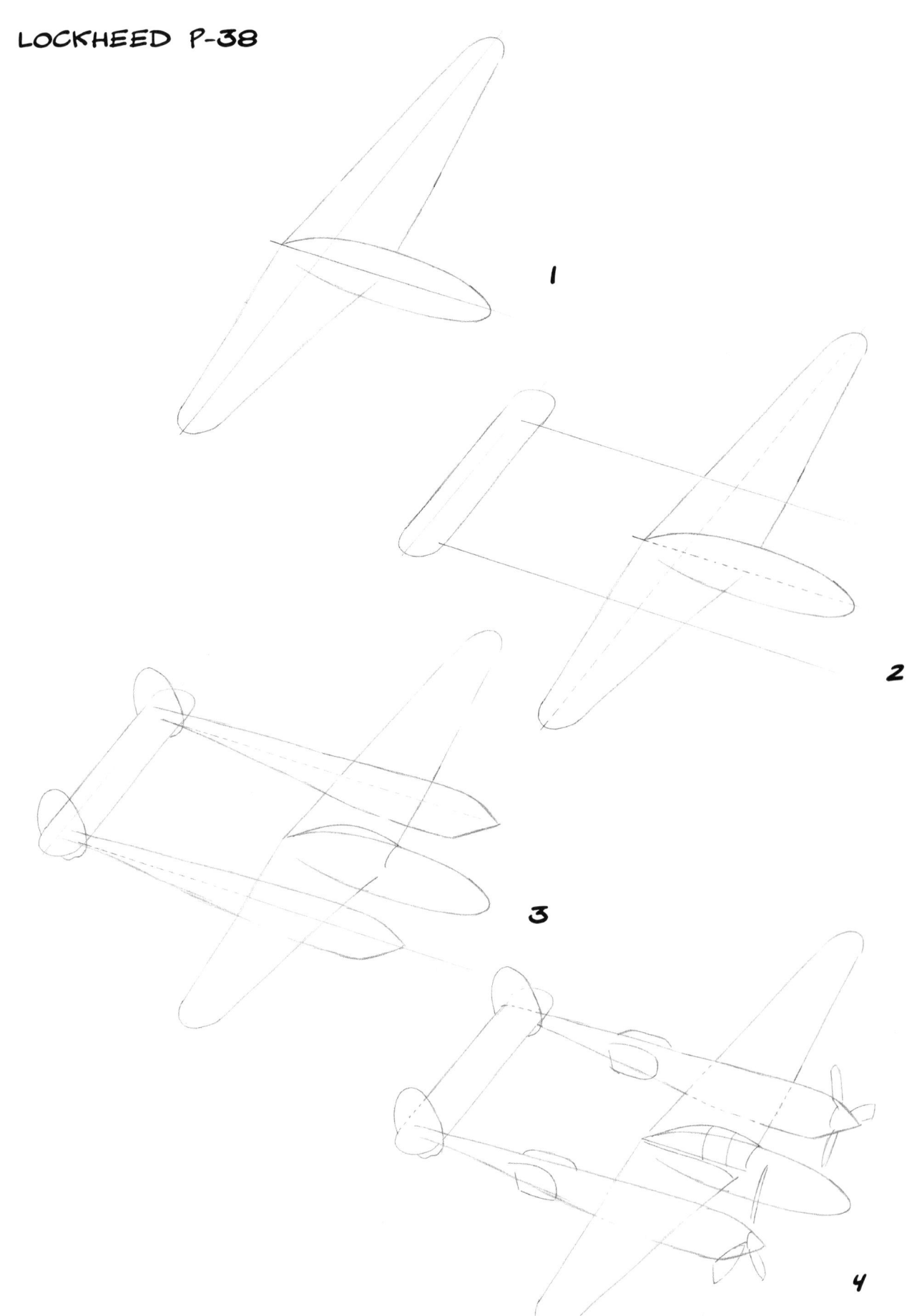

1

2

3

4

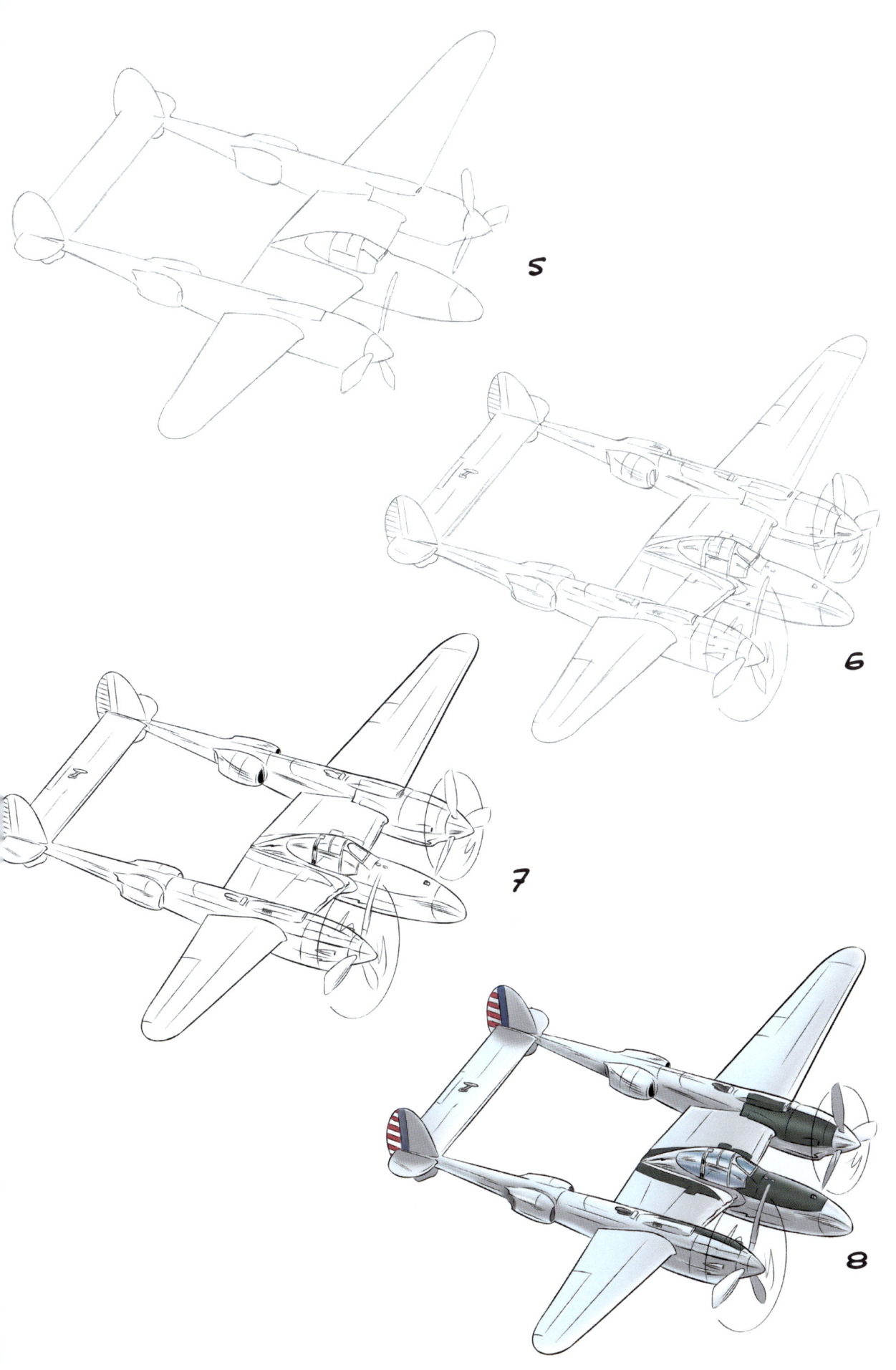

5

6

7

8

43

PIAGGIO P180 AVANTI

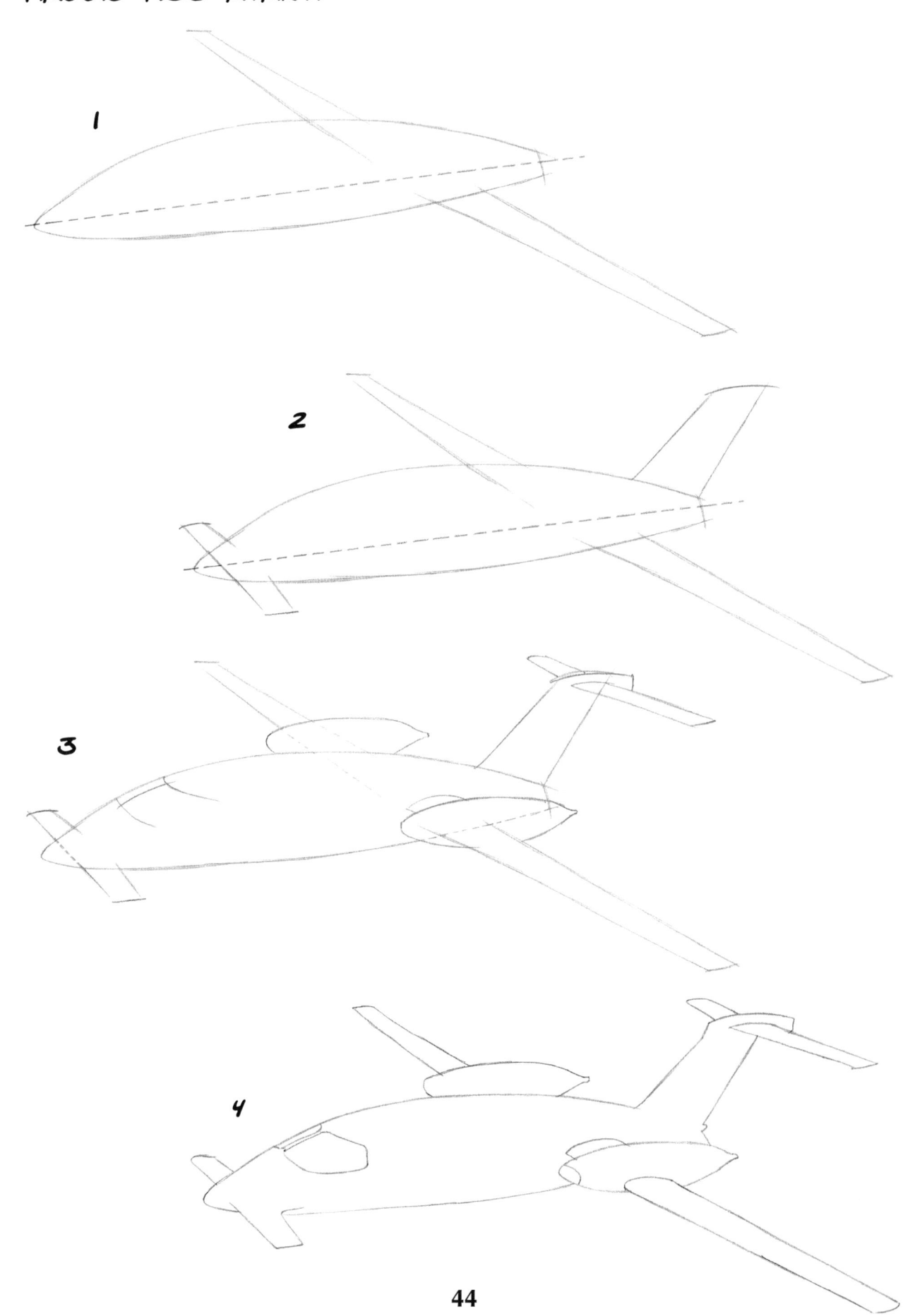

1

2

3

4

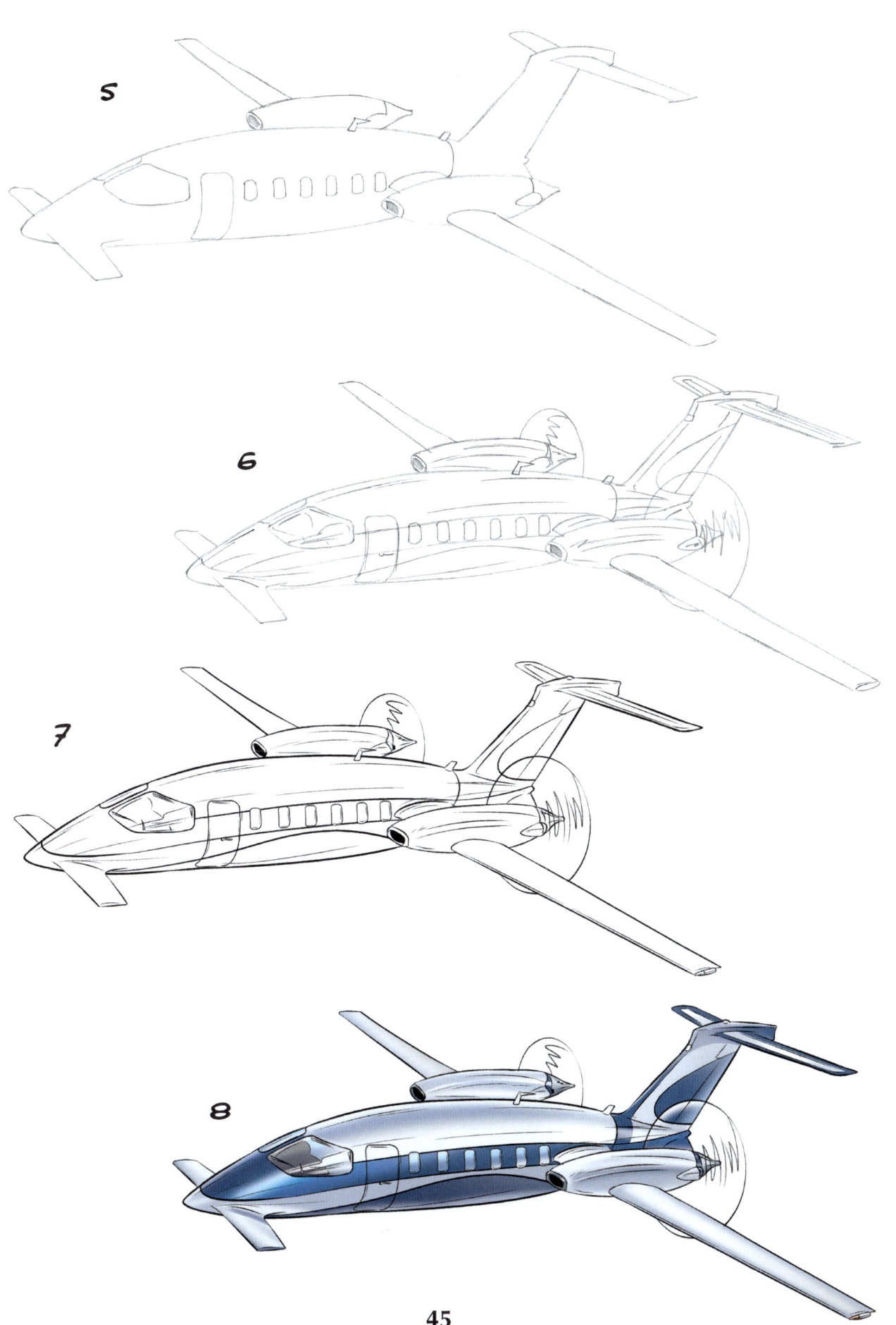

5

6

7

8

DASSAULT RAFALE

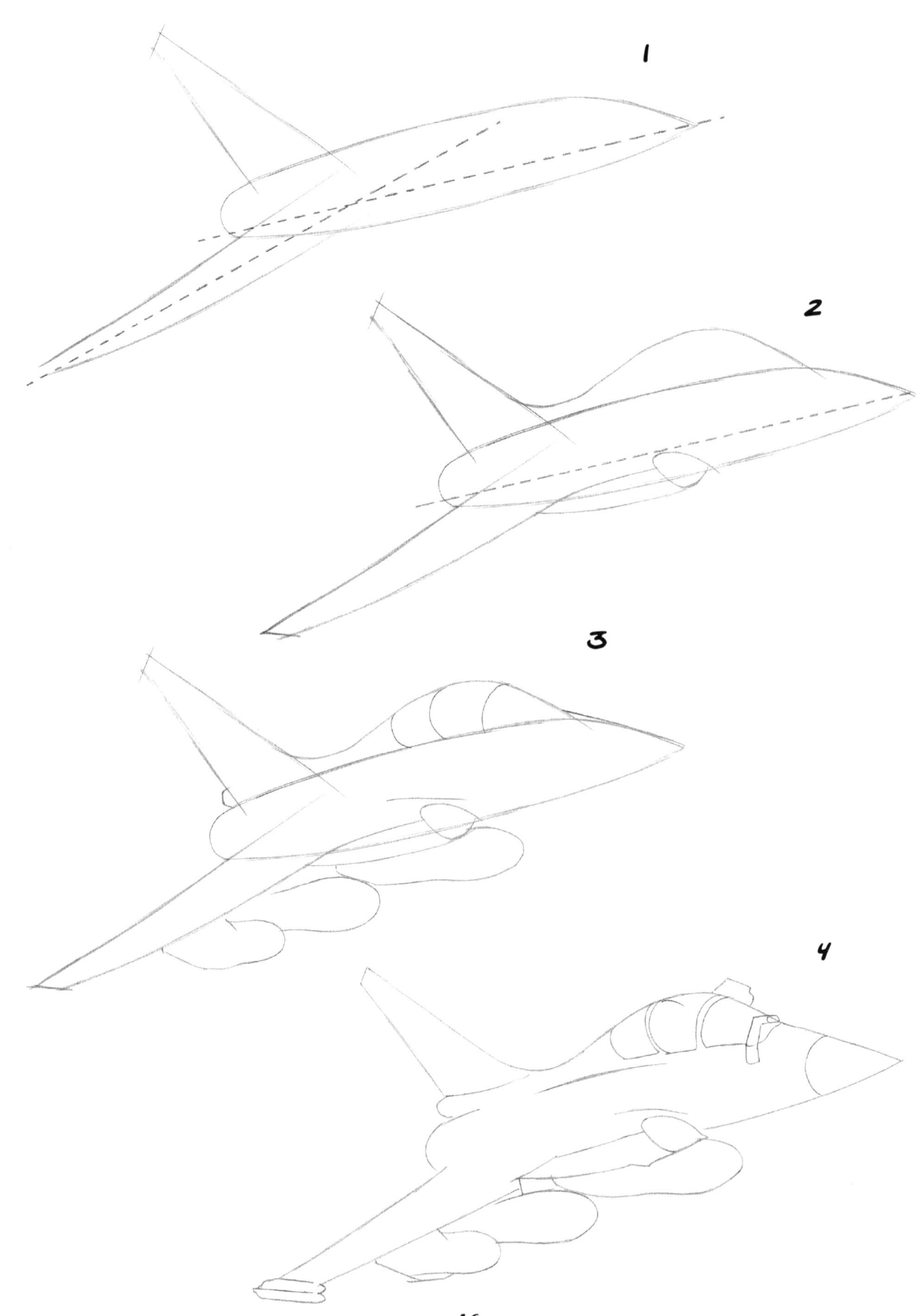

1

2

3

4

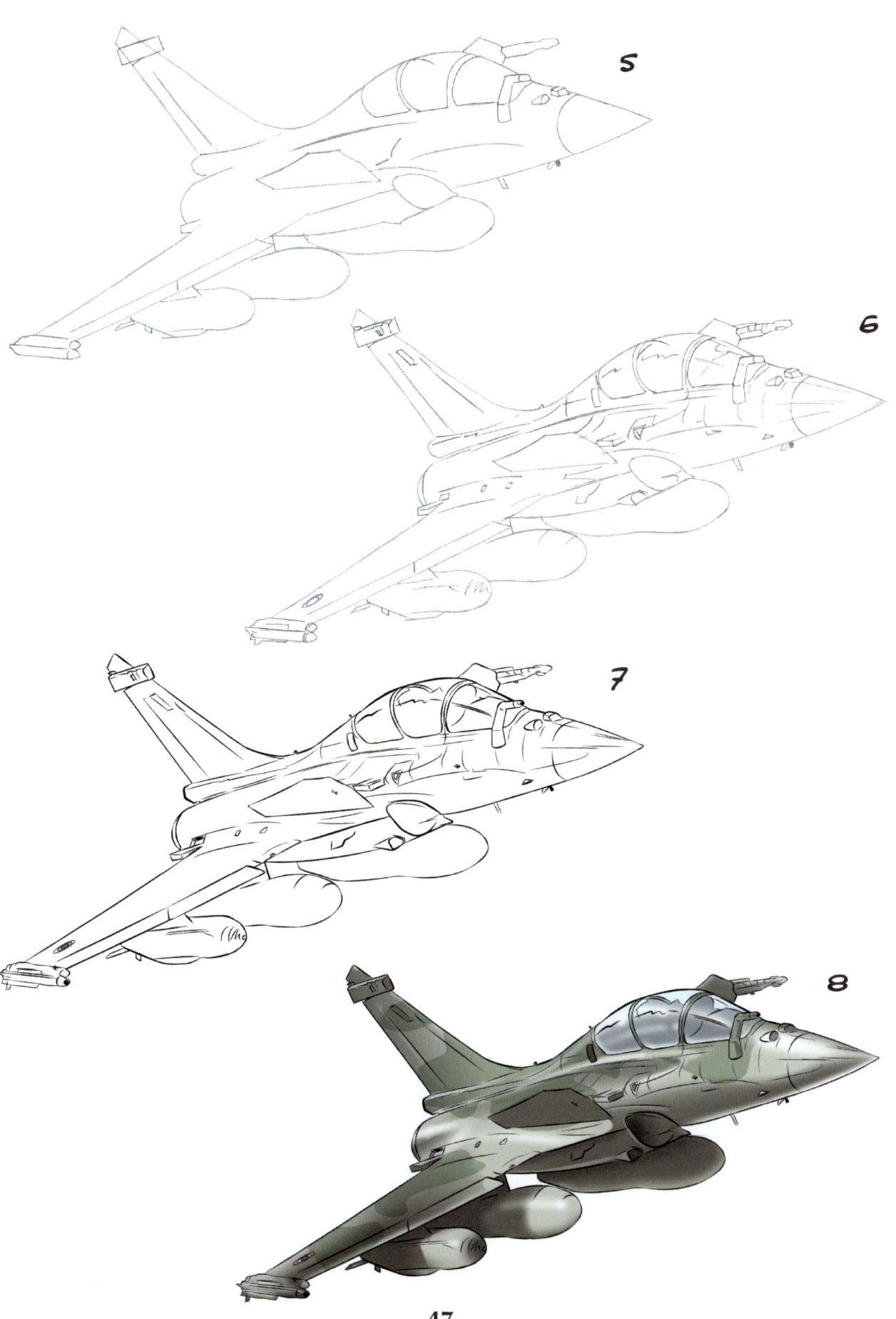

5

6

7

8

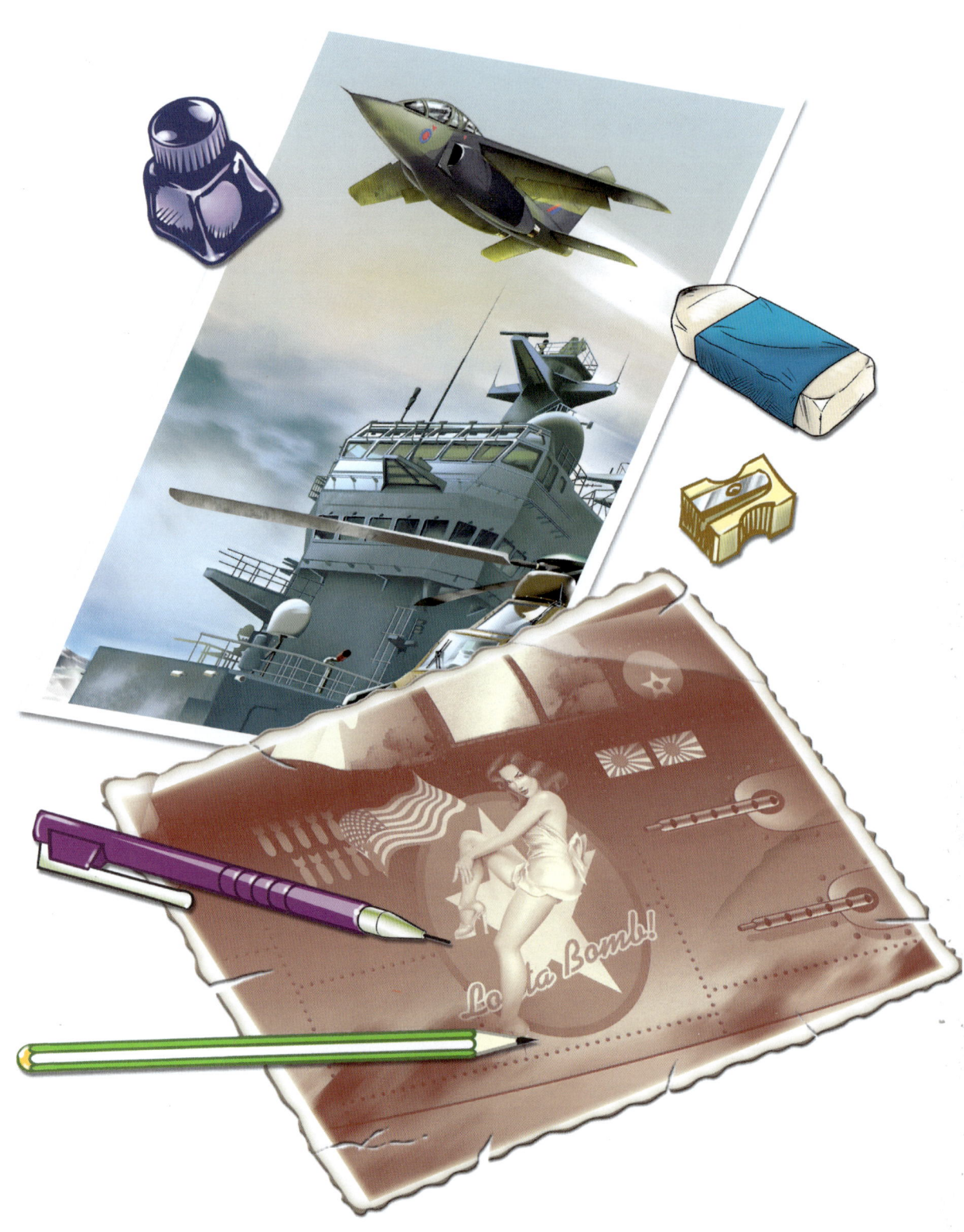